圈子·段子

明代官员博弈实录

十二叔 著

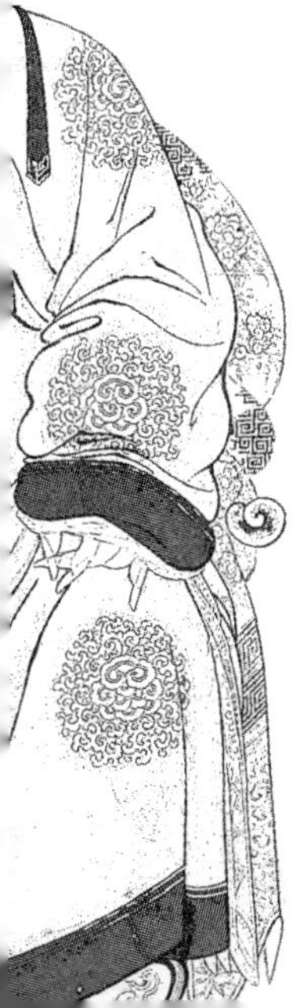

西南财经大学出版社

图书在版编目(CIP)数据

明代官员博弈实录/十二叔著. —成都:西南财经大学出版社,
2015.7
ISBN 978-7-5504-1868-4

Ⅰ.①明…　Ⅱ.①十…　Ⅲ.①官制—研究—中国—明代
Ⅳ.①D691.42

中国版本图书馆 CIP 数据核字(2015)第 082135 号

明代官员博弈实录
十二叔　著

责任编辑:张　岚
助理编辑:高　玲
责任校对:张　虹
特约编辑:孙明新
封面设计:杨红鹰
责任印制:封俊川

出版发行	西南财经大学出版社(四川省成都市光华村街 55 号)
网　　址	http://www.bookcj.com
电子邮件	bookcj@foxmail.com
邮政编码	610074
电　　话	028-87353785　87352368
印　　刷	郫县犀浦印刷厂
成品尺寸	145mm×210mm
印　　张	7.125
字　　数	155 千字
版　　次	2015 年 7 月第 1 版
印　　次	2015 年 7 月第 1 次印刷
书　　号	ISBN 978-7-5504-1868-4
定　　价	32.00 元

目 录
contents

第一章　王朝建立，功臣PK洪武帝

1. 从龙之功也害人（一）

古往今来，有机缘跟随一位明主打天下并立下汗马功劳的人通常被称作“开国功臣”。这群人出身不同，性格各异，要么是战场上的无敌悍将，要么是运筹帷幄的机智谋臣。他们都为新王朝的建立付出了很多，但是遇上不同的主公，得到的结果却不尽相同。

汉朝有高祖刘邦“狡兔死，走狗烹”的凌厉手段，宋朝有太祖赵匡胤“杯酒释兵权”的温柔一刀。明朝的开国皇帝朱元璋也不例外，他将到手的江山粗粗梳理一遍之后，开始论功行赏，大封功臣。

那些跟随朱元璋从起兵之时就大杀四方的文臣武将们开始期待——什么样的爵位才配得上自己拿命换来的功勋。等待被封爵的功臣当中，有人平心静气不急不躁，也有人患得患失，唯恐自己的功劳被抹杀了。

总领水军的大将廖永忠就被封爵的事情搅得心态失衡。他早年跟着哥哥廖永安落草为寇，后来兄弟二人一起归附朱元璋，立过不少战功：讨伐方国珍，平定浙东时有廖永忠的身影；俘虏陈友定，平定福建时也有廖永忠的踪迹；接下来平定广东、广西的战役，廖永忠也一马当先，立下了赫赫战功；尤其是鄱阳湖一战，廖永忠带领部下殊死搏斗，得到了朱元璋亲笔题写的“功超群将，智迈雄师”八个大字的漆牌，高悬在家门口。

有了这些资本，廖永忠认为自己就是封个国公也是应该的。为了确定皇上的想法，他还特意请一直在皇上身边做情报工作的杨宪帮自己打听消息。杨宪倒是帮忙了，但帮的是倒忙。因为封爵的时候，朱元璋就把廖永忠的小心思公之于众，说：“廖永忠在鄱阳湖作战时，忘我抗敌，可谓奇男子。但却派与他要好的儒生窥探朕意，所以封爵时，只封侯而不封为公。”廖永忠一心谋取大富贵，却搬起石头砸了自己的脚。廖永忠是武将出身，忠诚、勇武是他的标签。可他偏偏羡慕那些能够猜测皇帝内心的智者，可他还真不是这块料，他不知道为君者喜欢保持“天威难测”的神秘感，越是猜测，就离真相越远，最后还把自己送上了绝路。

廖永忠不知道的是，在朱元璋的心中他早就不是可靠之人了。元至正二十六年，朱元璋已经占领了南京，实力大增。他统领的义军表面上遵从已经称帝的韩林儿为汉室正统，所以就派廖永忠前去安徽滁州迎接韩林儿。廖永忠带着韩林儿坐船回南京，行至瓜州的时候，大船沉入江中，韩森儿溺水而死。廖永忠把差事办砸了。

替大哥称帝扫清障碍，估计是廖永忠最真实的想法。道理是这个道理，可是廖永忠的做法欠妥。他是奉了朱元璋的命令去接人的，结果半路上把人家的船凿穿了。如此明目张胆地害死一个拥有皇帝称号的人，一定会招来别人的唾骂，尽管骂人的人也不一定就是韩林儿的支持者，但是这种行为无疑有损朱元璋的名声。没有人相信廖永忠会有这么大的胆子“弑君”，韩林儿的死被人推到了朱元璋的头上。此后，朱元璋对廖永忠极不放心，也不肯给他独自掌兵的机会，每次出征，都让他以副帅的身份跟在汤和或者徐达的身后。

洪武八年（1375年）三月，醉心于功名的德庆侯廖永忠被人揭发，说他经常在家里私自穿戴绣有龙凤图案的华服。朱元璋就用“僭越”两个字为这位老部下定了罪，廖永忠成为大明开国之后第一个被公开赐死的功臣。

继廖永忠之后，第二个死去的是开国元勋曹国公李文忠。

李文忠集名将、谋臣为一体，是大明开国的第三功臣。他是朱元璋姐姐曹国公主的儿子，十四岁就随父来到舅舅身边。文武双全的李文忠深得朱元璋的喜爱，一度被收为养子。建国后，李文忠曾同时掌管大都督府和国子监，一文一武，好不威风。洪武十三年（1380年），因宰相“胡惟庸谋逆案”被牵连或被杀的人已经多达万人，一时间朝廷内外人人自危。在这种情况下，李文忠冒死劝谏，希望舅舅手下留情。

劝谏本身并没有错，李文忠却没有选好劝谏的时机，反倒把自己的前程搭了进去。胡惟庸涉及的是谋反案，事关重大，李善长和徐达这样的元老看出朱元璋是在借此机会有意扩大案情，都选择了沉默，李文忠没有看出这一点，他只觉得朝廷内外人人自危的情况需要得到控制，就写了一封奏疏，规劝舅舅不要“滥杀无辜”，免得“人不自安，伤国元气。”

李文忠的奏折递上去之后，朱元璋指着他的鼻子大骂“小子胆大包天，一派胡言”。他本来出身就好，功劳又高，现在还能为同僚求情不惜得罪皇上，很容易让人联想到“收买人心”这个词。李文忠如果当时就认错，朱元璋一定会原谅他的，毕竟是甥舅关系，打断骨头连着筋呢。可是李文忠认了死理，根本就没有认错的打算，反而毫无惧色地继续劝谏，说皇上您如果将功臣宿将都杀光的话，一旦边疆有警，谁来为国效力？

朱元璋忍无可忍，质问李文忠，这样抗上，难道不怕死吗？李文忠在紧要关头却犯了倔脾气，一点都不肯服输。他说只要皇上能仁慈一些，自己死不足惜。多亏马皇后苦苦求情，李文忠才逃过了“斩监侯”的下场。不过死罪免了，活罪难逃，曾经风光无限的大都督就此被削职，回家幽闭去了。

恶意揣测的话，李文忠曾经的养子身份可以被当作篡位的旗号，他的文治武功和好人缘则是谋反的倚仗，掌管国子监、领导全天下的士子更是增加了李文忠的危险系数。如此多的嫌疑聚集到一个人身上，让朱元璋如何放心？

在家软禁的日子不好过，李文忠抑郁成疾，卧床不起。洪武十七年（1384年）春节过后，他的病情加重，朱元璋派太子朱标代替自己探病，还特意派遣淮安侯华云龙的儿子华中带领太医前去诊疗。过了一个月，朱元璋又亲自探望，李文忠病情有所好转。不料，三天以后，已经好转的李文忠却突然死去，享年四十六岁。

当大家正在哀叹李文忠英年早逝的时候，朱元璋又下了一道比较奇怪的圣旨，为李文忠治病的华中被削职，举家被流放到建昌卫，参与治病的太医及其家属百人被斩首。此举增加了人们对李文忠之死的猜测。

作为天子，不但要提防功高震主的武将文臣，还要提防自己身边“宽仁爱民”的亲人。即使李文忠的所作所为不是有心的，但事已至此，以朱元璋的为人，他死也是必然的了。

可能是又想起外甥的诸多好处，李文忠死后，朱元璋表现得十分悲切，不但罢朝三日，还亲自写了一篇祭文以示恩宠。除此之外，李文忠还被追封为岐阳王，得到了“武靖”的谥号，配享太庙，肖像位列功臣庙第三位，仅次于徐达、常遇春。

武将之中，功勋最为卓著的非徐达莫属。朱元璋曾亲自撰写了一副对联赐给他，上书“破虏平蛮，功贯古今人第一；出将入相，才兼文武世无双”。

徐达是朱元璋的老乡，早年参加义军后，就一直跟随朱元璋。时值元朝末年，义军四起，拉起队伍造反的势力很多。徐达和朱元璋追随的是郭子兴的队伍。一个叫孙德崖的首领是队伍中的元老，为人比较粗豪，很多时候都与郭子兴的意见相左。攻打和州后，郭子兴找机会抓走了孙德崖，孙德崖的部下也抓走朱元璋作为人质。徐达挺身而出，前往孙德崖的军队，提出用自己来换朱元璋。这件事在后来得到圆满解决，徐达也在朱元璋这个薄情的人心中占据了一席之地。

在随后南征北战的岁月中，徐达多次为主帅，每战必胜，辅佐朱元璋成就了霸业。尤其是与北元第一名将王保保的对决，让徐达成为当之无愧的大明开国第一名将。朱元璋称帝之后，他也得到了极厚的封赏，本人官至中书右丞相，封“魏国公”，三个女儿也都嫁到皇家，成为朱元璋的儿媳。

朱元璋开始有规模有步骤地大杀功臣之时，徐达基本上都不发表意见。他为人低调，小心谨慎，忠心侍主，也从来不会居功自傲，所有的表现都很让朱元璋放心。一次，徐达陪着朱元璋在皇宫饮酒，被刻意灌醉，不知不觉中就盖着朱元璋的被子睡着了。醒来之后，徐达大惊失色，伏跪地上，连说自己罪该万死。朱元璋对徐达诚惶诚恐的态度很满意，终止了对他的试探。

洪武十八年（1385年）二月，徐达因背上生疽而死。背疽，在古代是一种致命的疾病，秦末的范增、三国的刘表、唐朝的孟浩然、南宋的宗泽等都死于此症。

野史之中，徐达并非“病死”这么简单。一个流传范围很广的传闻是生背疽的人最忌讳吃蒸鹅等发物。朱元璋偏偏赐了一只蒸鹅给徐达吃，还命人看着他吃完。徐达就含着热泪当着使臣的面吃完了蒸鹅，没过几天就死了。

这样的传闻可信度极低，但是人们偏偏愿意相信，足见朱元璋对功臣的不信任已经人尽皆知了。徐达死后，朱元璋将其厚葬，追封“中山王”，谥号“武宁”，连徐达的墓碑也由其亲自撰写，徐家的爵位也被允许世袭。

当太子朱标质疑自己的父亲为什么不能对那些立下大功的叔叔伯伯们仁慈一些的时候，朱元璋用一根长满倒刺的荆条给出了自己的答案。他说大明的江山就是自己手中的荆条，它会一代代地传给朱氏的子子孙孙。曾经立过大功的臣子们就是荆条上的倒刺，他们的锋芒会伤害到朱氏子孙尊贵的双手。自己现在就是在为后世子孙谋福利，一定要在有生之年，将荆条上的倒刺一一除去。对于朱元璋来说，最大最硬的倒刺无疑是宰相李善长。不过这颗倒刺的能量太大，不能第一个剔除，需要留着慢慢对付。

2. 从龙之功也害人（二）

开国第一功臣李善长是淮西集团的首领，他在朱元璋称帝的过程中起到了智囊团顾问和后勤总司令的作用。淮西集团是对跟随朱元璋起兵的安徽老乡的统称。这个老乡会的实力雄厚，开国元勋中有一大半人都出身于此。与之相对应的是江浙集团，以刘基、宋濂等文人为主，其实力无法与淮西集团相抗衡。

朱元璋称帝之前，他自己是老乡会的会长，与诸位兄弟亲如一家。大明建立之后，朱元璋开始有意无意地将自己从老乡会中剥离出来，李善长就成了会长。

时间一长，朱元璋觉得淮西集团的存在已经对朱家江山构成了威胁。自己活着还能镇压得住这帮权臣，一旦子孙失去了震慑力，这个集团将成为江山稳固最大的隐患，不得不除。鉴于李善长在淮西集团的核心地位，只要解决了这位老先生，淮西集团势必分崩离析。明朝立国初期，李善长出任帝国第一任宰相，封韩国公，其待遇比同为智囊的刘基高出很多。与李善长一起受封为公爵的只有五个人，他们分别是徐达、常茂(常遇春之子)、李文忠、冯胜和邓愈。这五个人都是战场上厮杀出来的一代名将，李善长是唯一的文臣，而且他的地位还在其他五位之上。

朱元璋对他的功劳最清楚不过，曾说过“与善长相比，萧何未必过也”。由此可见李善长的功绩和本事都是超一流的。功高震主不是说着玩的，李善长的功勋就为他招来了灭门的灾祸。甚至有人说，整个洪武时代朱元璋最为关注的一件事就是如何将李善长为首的淮西集团清除干净，至于其他事情不过是搂草打兔子，顺便混淆视听、迷惑李善长的举动。

当李善长当上淮西老乡会会长的时候，很多人都来走他的门路，希望能在朝中获取更高的地位。对此，朱元璋一一看在眼里。当朱元璋开始玩"兔死狗烹"的政治游戏时，又有很多人找到已经致仕的李善长，向他诉说心中的苦闷。这样的事情，自然被无所不在的锦衣卫上报给了太祖皇帝。

洪武十三年（1380年），胡惟庸一案牵连甚广，很多与胡惟庸没有交往的人都被卷了进来，居功自傲的、胡作非为的、骄奢淫逸的都被朱元璋来了个一锅端，唯独提拔推荐了胡惟庸，让自己的侄儿娶了胡惟庸侄女的李善长却毫发无伤。表面上看，这是朱元璋的仁慈，他在兑现自己赐予李家的丹书铁券可以免死的诺言。其实天子剑已经高高举起，不是舍不得落下来，而是在等待李善长自己犯下大错，给皇上一个必杀的口实。

身为淮西集团的首脑，李善长的根基远比胡惟庸要深厚得多。所以胡惟庸死后，朱元璋用了足足十年的时间来清除李善长这棵大树伸出来的旁枝末节。

洪武十八年（1385年），胡惟庸案被再次提及，这一次牵扯到了胡惟庸的亲家李存义父子。李存义是李善长的亲弟弟，如果他真的参与谋反，李善长能幸免吗？朱元璋没有下达"彻查"的指令，只是将李存义父子流放到崇明岛，以示惩戒。在家养老的李善长听到这个消息，知道自己的大限之日已不远矣。他没有造反的打算，也知道在朱元璋的铁腕政策下，无论谁造反都没有成功的可能。他只能被动地等待某一天罪名加诸己身。如果朱元璋能念在自己昔日的功劳上，祸不及家人，那就是神佛保佑了。

洪武二十三年（1390年），已经七十七岁的李善长迎来自己人生的最后一个夏天。这一年，李家的房子要扩建，他找同样在家养老的汤和借了三百名军士做泥瓦工。大明法令禁止公侯擅自役使官兵，李善长此举让汤和很为难。汤和为了自保，一边答应借人，一边写了封秘奏，向皇上表明自己的无奈。这样一件可大可小的事情成为打倒李善长的利器。

紧接着，李善长的亲信丁斌被抓，引出了李家的灭顶之灾。丁斌与胡惟庸一家走得很近，根据他的描述，胡惟庸曾让李存义游说李善长，拥立自己谋反。李善长一开始很吃惊，后来就很不耐烦，最后他实在不想听弟弟提出的“宏图大略”了，就说一句“等我死了，你们就看着办”。就是这句话，足以让朱元璋下定决心了。

利用丁斌的口供，朱元璋终于用“大逆不道”的罪名解决了最让他牵肠挂肚的李善长。李氏满门七十余口被处决，只有娶了朱元璋女儿临安公主的李善长长子李祺和李善长的两个孙子幸免于难。借丁斌之口被卷入胡惟庸案的除了李善长之外，吉安侯陆仲亨、延安侯唐胜宗、平凉侯费聚、南雄侯赵庸、荥阳侯郑遇春、宜春侯黄彬、河南侯陆聚、营阳侯杨王景、济宁侯顾时等一批权贵也随之遭殃。

洪武二十六年（1393年），凉国公蓝玉以谋反罪被诛，牵连一万五千余人。如果说胡惟庸案是朱元璋对文官集团的清算，那么蓝玉案则宣告他拉开了对整个武将系统大清洗的序幕。与蓝玉走得比较近的冯胜和傅友德也在劫难逃。

冯胜和傅友德都是开国元勋，论战功仅次于徐达和常遇春，被朱元璋册封为宋国公和颍国公。他们两个在蓝玉案发之后相继被“赐死”，珍藏在家中的免死铁券根本派不上用场。

这两位将军与徐达、李文忠等一开始就追随朱元璋的嫡系不同，他们都是在战争中被朱元璋收罗过来的。徐达死后，军队中的宿将以二人声望最高。不过相比较蓝玉的骄横，他们的行为还算收敛，但桀骜不驯的性子终究不能彻底改掉。

蓝玉案发之时，在外练兵的冯胜、傅友德一起奉召回京。蓝玉的死让他们略略不安，毕竟这两个人都曾担任过蓝玉的上司，彼此之间合作良多。定远侯王弼当时也在被召回的武将之列，他害怕蓝玉案会牵连到自己，就找到傅友德说：“皇上年龄大了，对我们这些人的猜忌越来越重，如果他的目的是杀光我们这些一起打天下的老部下，我们该怎么办呢？”这些话被无所不在的秘线传到了朱元璋的耳朵里，他们的死已成定局，差别只是傅友德先走一步，王弼和冯胜紧随其后罢了。

刚开始，朱元璋并没有直接“赐死” 傅友德，只是将他打发回家养老。傅友德仿照秦朝大将王翦的做法，主动向皇上索要土地，以显示自己眷恋家财、胸无大志。可惜朱元璋不是秦始皇，傅友德此举不但不能为自己免灾，反而招来一顿训斥。

洪武二十七年（1394年）十一月二十九日，朱元璋在皇宫举办了一场大型宴会，文武群臣悉数到场。他端着酒杯环视四周的时候，发现门口有一个侍卫没有按规定佩戴剑囊，这个侍卫恰好就是傅友德的三儿子傅让。

傅友德发现了皇上的愤怒，就站起来想为自己的儿子说句好话。朱元璋立刻命他不许站起来，也不许说话。傅友德当着诸多同僚被皇上呵斥，只好闷头坐下喝酒。这下朱元璋更生气了，对他说：“去把你儿子叫过来，好好管教管教吧！”

傅友德领命出门。朱元璋认为傅友德有怨气，对自己态度不恭敬，就扔给他一把剑，说：“你干脆把那个不懂事的小子的首级带过来吧！”傅友德愕然，以为自己听错了。他本来有四个儿子，已经有两个战死疆场了，剩下的三子傅让就是他的心头肉。可是皇命难为，傅友德把心一横，竟然真的出门砍了儿子的脑袋带了进来。

当朱元璋看到傅友德一手拿剑，一手提着儿子的首级，目光不善的样子，顺势就骂：“你怎么能做出如此残忍之事？连亲生儿子都不放过！”

这下朱元璋彻底触怒了傅友德。他是久经沙场的猛将，血性不减当年。他看到连自己最疼爱的儿子都不能保住，知道朱元璋要对傅家大开杀戒了。于是傅友德没有了昔日的恭敬，高呼：“你不就是想要我们父子的人头吗？今日就让你得偿所愿。”说完，他拿剑自刎，血溅大殿。

朱元璋嫌傅友德让自己下不了台，立刻传旨，将傅友德全家发配云南。傅友德之死，不可谓不惨烈。傅友德死后不到三个月，王弼也被朱元璋找借口杀了。

“蓝玉案”之后，德隆望重的勋臣们已经没剩几个人。冯胜看着昔日的袍泽弟兄们一个个死在自己面前，自知命不久矣。奈何他偏偏是仅存的开国将领中功劳最多，又活得很结实的一个。据说他在家中用碌碡打稻谷，声音很大，有人就告发他私藏兵器。冯胜惶恐地向皇上谢罪，解释自己是在干活，不可能私藏兵器。朱元璋大度地表示谣言不可信，还赐给他美酒佳肴。在宫里陪着皇上吃完酒之后，冯胜刚到家就死了。他死之后，冯家子弟被剥夺了继承爵位的资格。

冯胜是大将军，哪怕他的家中真有兵器，也罪不至死。况且他家的免死铁券上分明写着“今天下已定，论功行赏，朕无以报尔，是用加尔爵禄，使尔子孙世世承袭”“除谋逆不宥，尔免二死，子免一死”等语。

倒也不是所有的开国功臣都倒在了朱元璋的屠刀之下，信国公汤和、武定侯郭英就是两个幸运儿。

汤和也是安徽人，比朱元璋还早一步到郭子兴的麾下效力。当朱元璋在义军队伍中脱颖而出的时候，其他与他同辈的老乡们都不怎么尊重他，只有汤和不但老老实实地听从指挥，对他的态度也总是恭谨有加。这一点让朱元璋非常满意，越发肯定汤和是一个值得结交的兄弟。

洪武三年（1370年），朱元璋第一次给属下封爵的时候，汤和并没有踏入国公的行列。和他资历相当的常遇春、邓愈、李文忠一个个都成了“国公”，他只是个侯爵。汤和也曾趁喝醉之后发过一句半句的牢骚，说邓愈军功在自己之下，爵位却在自己之上云云。后来他发现朱元璋对功臣们渐生不满之后，马上收敛锋芒，安分守己。这样到了洪武十一年（1378年），朱元璋第二次大封功臣的时候，汤和得到了“信国公”的头衔。

“功成身退”是汤和保命的秘诀。在所有的将领中间，他是第一个主动交出兵权，请皇上允许自己回乡养老的。对此，朱元璋一面挽留，一面高兴地拨款给汤和在凤阳老家建造府第，送他衣锦还乡。

回到老家之后，汤和依旧奉行明哲保身的处世哲学，从来不结交地方官。他每天的生活就是不问世事，含饴弄孙，让朱元璋非常放心。

汤和就如同在帝国的棋盘上消失了一般，优哉游哉地活到了洪武二十八年，享年七十岁。朱元璋也没有忘记趁汤和的葬礼宣扬“顺我者昌”的理念，他将老臣风光大葬，并追封其为“东瓯王”。

郭英少年时期就跟着朱元璋起兵，负责宿卫的工作，被朱元璋亲切地称为“郭四”。他的妹妹成年之后嫁给朱元璋，被封为宁妃，他就成了国舅。不过在朱元璋大肆屠戮功臣的岁月中，郭英能够善终绝不仅仅是因为与皇家的姻亲关系。当时与朱家结亲的人不止郭英一家，冯胜、徐达、蓝玉等人都把女儿嫁给了皇子，李善长、傅友德、胡海、张龙等人的儿子也都把公主娶进了家门，对于这些亲家，朱元璋杀起来毫不手软。

明朝建国之前，郭英跟随徐达、常遇春等人平定中原，身经百战，伤痕累累，据说全身找不到一块完好的肌肤。与其他被杀的功臣相比，郭英也不是白玉无瑕，他私养家奴一百多人，还曾擅自杀死其中的几个，朱元璋有心杀他的话，郭英也难逃一劫。朱元璋念在他从少年时代就忠勇追随自己，后宫也少不了郭宁妃统理的份儿上，郭家的爵位得以承袭。

3. 真谋反，假谋反？

明朝立国之后，官场架构基本沿用汉唐旧制，以宰相辅政，用三省六部来维持整个国家的运转。但明太祖朱元璋本人的权力欲极强，他执政以后，很不满意宰相的权力过大，唯恐出现元朝末年“宰相专权”“臣操威福”的局面。为此，他逐渐生出废除宰相之心。废相是一件大事，其难度远甚于增加一个新的部门，毕竟宰相制度从秦朝开始已经存在了一千多年。胡惟庸案是朱元璋一手炮制的谋逆大案，以其历时长、牵扯范围广、涉及人数多而成为明初官场上避无可避的一个话题。胡惟庸死后，宰相这个古老的官职也随之消亡，皇权统治达到一个新的高峰。

胡惟庸是安徽人，在政坛上属于淮西集团的一员。明朝开国的功勋当中，找不到他的身影，因为当时他只不过是一个没有什么特色的低级文官。洪武三年（1370年），胡惟庸的官运突然间有了起色，他以太常寺卿这样分管礼仪祭祀的清水官员直接进入政务中枢——中书省。胡惟庸的高升离不开淮西集团“董事长”李善长的安排。

当时宰相李善长因病在家休息，中书省的大权落到杨宪的手中。偏偏杨宪不但不是淮西集团的人，而且与他的对头刘基走得很近，更令李善长不放心的是，这个杨宪还是朱元璋最为信赖的秘密机构——检校的成员。对此，李善长很不甘心，他希望能有一个淮西集团出身的文官来帮助自己重新掌控中书省的力量。胡惟庸适逢其会，成为李善长看重的一枚棋子。

可以说，将胡惟庸推荐给朱元璋是李善长临退休时重要的一个布局。

洪武四年（1371年）正月，李善长正式退休，一直被朱元璋用来牵制他的汪广洋升任右丞，胡惟庸接替了汪广洋，任中书左丞。虽然胡惟庸早在元至元十五年就投奔到朱元璋麾下，但是直到此时，他才有资格进入朱元璋的法眼。相比较汪广洋的刻意低调，胡惟庸显得非常活跃。他小心翼翼地取悦朱元璋，得到的宠遇一日高于一日，渐渐不把顶头上司汪广洋放在眼里；他还积极梳理了李善长留下的人脉关系，工作上也比汪广洋更有建树。

朱元璋对汪广洋的“在其位不谋其政”很是不满，于洪武六年（1373年）正月将其免职，胡惟庸成为中书省的最高领导者。可能是觉得自己在朝堂根基还是浅，胡惟庸继续讨好已经致仕的李善长，将自己的侄女许配给老上司的侄子。有了这层关系，胡惟庸笼络李善长的旧部更加顺理成章。

西方有句谚语,“上帝欲使其灭亡，必先使其疯狂”。胡惟庸独揽大权之后，也免不了得意忘形。对于胡惟庸的一举一动，朱元璋看得清清楚楚。他正要借助胡惟庸之手，帮自己除去一些对朱家江山有危险的“倒刺”。

朱元璋要将所有的倒刺一一拔去，但是拔刺需要过程，更讲究次序。像廖永忠这样头脑欠发达的武将杀之容易，但是像刘基和徐达这样的智者就不能用同样的方法对付。既然胡惟庸任宰相之后变得猖狂，大可利用一番。何况胡惟庸还是个善于揣摩圣意的家伙，只要朱元璋稍稍暗示，他就能领会。

于是出现了胡惟庸诱使徐达家的守门人福寿谋害徐达的一幕。不过福寿没有被诱惑，反而举报他。徐达行事谨慎，不肯张扬此事，朱元璋也就装作不知道。

刘基之死与胡惟庸也有关系。原来当初李善长退位，朱元璋要选定新的宰相时，曾经问计于刘基，请他谈谈汪广洋、杨宪、胡惟庸等人谁有宰相之才。刘基当时否定了三个人，还说宰相就是一个帝国的驾车人，胡惟庸若是当了宰相，定会翻车。这段密谈不知被谁传到了胡惟庸的耳中，他就此恨上了刘基。

刘基退休之后，一直在老家度日，还给自己选了一块墓地，准备就此终老。胡惟庸指使刑部尚书吴云弹劾刘基，说他选了一块有王气的地方修墓，居心不良。刘基听说之后，不顾年老体弱，马上进京请罪，来京之后就病倒了。

胡惟庸请了医生前去探病。刘基遵照医嘱服药之后不久就死了。刘基的儿子刘璟坚信父亲是被胡惟庸毒杀的，但是朱元璋却没有深究此事。

眼看着胡惟庸在宰相的位子上收受贿赂、任意处置官员甚至截留对自己不利的奏章，朱元璋都没有任何表示。至于敢上疏弹劾胡惟庸的官员，朱元璋干脆交给胡惟庸自己去处理。洪武九年起，朱元璋更是直接撤销了副宰相的设置，使胡惟庸成为帝国的独相。乍看是“一人之下，万人之上”的高位，可是胡惟庸若是肯多想一步，一定能看出自己的主子不可能会放权至此。

在朱元璋的刻意放纵之下，胡惟庸的胃口越来越大，与此同时，朱元璋也认为一个刺一个刺拔起来太慢了，是时候榨干胡惟庸最后的价值了。没有了皇上的包庇，胡惟庸的很多缺陷一一暴露出来。洪武十三年（1380年），胡惟庸为自己惹上一个大麻烦。正月初二，百官上朝，只有胡惟庸神色反常。原来前几天他儿子在大街上闲逛的时候，胯下马突然受惊狂奔，撞在一辆马车上，车主没事，胡公子却当场死亡。交通事故的当事人如果都是平民那就比较好办，追尾全责，胡公子算是白死了。可是死的人是当朝宰相家的公子哥儿，事情就麻烦了。胡府的家人分头行动，有人拿住了坐车的人，有人骑快马去向家主通报。胡惟庸听说儿子横死当街，丧失了理智，在大街上就对车主拳脚相加。在没有人阻拦的情况下，胡相竟然打死人了！

当今皇上最不喜欢权贵欺负老百姓了。胡惟庸身为百官之首不能以身作则，竟然带头违反禁令，绝对触了朱元璋的霉头。胡惟庸想了很多办法遮掩自己的罪责，但他知道皇上“明察秋毫”——不知道哪个行人就是皇上安排的锦衣卫密探，所以当街打死人的事情肯定遮掩不住。他当夜就找到自己的死党御史中丞涂节和御史大夫陈宁商议此事，两个人都没有给出好的解决办法。没有办法就只能等待圣裁——看看皇上是什么意思了。

谁都没有料到，根本不用朱元璋发话，胡惟庸小集团内部的御史中丞涂节就“叛变”了。原来涂节的政治嗅觉很灵敏，当他得知胡惟庸打死人，就想到了最坏的结果——皇上要趁机整治胡惟庸及其跟班，他害怕自己被胡惟庸牵连，就想通过揭发别人来保全自己。

涂节捅出一桩惊天秘闻——说三年前刘伯温之死是胡惟庸造成的！涂节的告密绝不仅仅是胡惟庸杀一个人还是两个人的区别。在明朝，当街打死一个平民和蓄意谋害一位勋贵的性质是不同的。后者的死如果运作得当，可以达到很多不可告人的目的。

朱元璋果断地抓住这件事，将胡惟庸、陈宁和涂节三个人都送进诏狱，三堂会审，让他们招认到底还做过哪些错事。这就是朱元璋等来的好时机，利用胡惟庸搅起一场大案，顺势拔除一些不容易定罪的功臣们。简单的杀人罪、帮凶罪当然不足以做成大案，那就来一场“谋反案”吧。

于是胡惟庸、陈宁被赐死，涂节因为品德恶劣、出卖朋友被当街斩首。其他对朱家江山有妨碍的人陆陆续续地被牵扯进来，株连者达到一万五千余人。洪武二十三年李善长被杀还是因为胡惟庸一案，人们才发现参加这桩谋反案的竟然达到三万多人，其中包括开国功臣当中的一位国公、十二位侯爵，有品级的官员不计其数。朱元璋在赐死胡惟庸之后，还顺手抹掉了宰相这个职位，一千多年的宰相制度就此终结。即便明朝后来的内阁首辅权势通天，终究还是少了一个宰相的名分。没有了宰相，中书省也随之消失于历史舞台，原本中书省的职权下放到六部，而六部都直接听命于皇帝。

胡惟庸死了五年之后，大明朝又出现了一位“造反”的武将，他的名字叫蓝玉。

蓝玉是名将常遇春的妻弟，很有军事才华。明朝刚刚开国的时候，徐达、李文忠、邓愈、冯胜等名将辈出，掩盖了蓝玉的光芒。徐达病死之后，蓝玉的名字才越来越耀眼。

洪武二十一年（1388年），朱元璋决定再一次发动对北元的战争，彻底消灭这股阴魂不散的势力。他命蓝玉为此次军事行动的总指挥，肃清沙漠中的敌对势力。蓝玉率领大军经过艰苦卓绝的战斗之后取得了捕鱼儿海大捷，大破北元。此役使蓝玉名震天下，成为和徐达、常遇春一样的无敌战神。

捕鱼儿海一战是蓝玉人生的至高点，也是他走下坡路的起点。他的下坡路走得非常“顺利”，班师回朝的途中，蓝玉就犯了一个大错，凌辱了元主的妃子，这位王妃不堪羞辱自杀了。这件事让朱元璋十分恼火，但是看在蓝玉刚立下赫赫战功的份儿上没有找他的麻烦。

蓝玉以为皇上对他的作为默许了，做起事情来更是肆无忌惮。他在军队中任用亲信，安插自己的势力，让朱元璋更加不满。不过朱元璋还是隐忍不发，他是在等待蓝玉犯更大的错误。

蓝玉果然不让皇上失望，错误接二连三地犯，关于他的混账言论每天都会准确无误地放到朱元璋的案头。朱元璋册立朱允炆为皇太孙的时候，加封冯胜、傅友德为太子太师，念及蓝玉功劳，给了他一个太子太傅的官衔。蓝玉不但没有领旨谢恩，反而叫嚣着“怎么才是太傅，难道我就不配做太师吗”？

蓝玉再是粗豪，也能感受到皇帝对于他的疏离。私底下，他曾指着朱元璋的轿子对同僚说：“他已经怀疑我了。”这话很快就传到了朱元璋的耳朵里。

洪武二十六年（1393年）二月，锦衣卫指挥使蒋瓛告发蓝玉谋反。朱元璋马上下令捉拿相关人员归案。于是除了主犯蓝玉之外，鹤寿侯张翼、普定侯陈垣、景川侯曹震、舳舻侯朱寿、东莞伯何荣、吏部尚书詹徽和户部侍郎傅友文等人被一网打尽。一群明王朝的高官显贵以阶下囚的身份出现在刑部大堂，他们被一一正法，家属也未能幸免。一位公爵、十三位侯爵、两位伯爵以及各级官员、家属共计一万五千余人人头落地。

“蓝玉案”简直就是“胡惟庸案”的一次补充，上次的漏网之鱼再难侥幸逃脱。两次撒网，使得洪武年间的功臣宿将们死的死、免的免，再没有大臣能直接威胁到朱氏子孙了。

本章主要登场人物：

1. 廖永忠，安徽人，明代开国名将，在跟随朱元璋打天下的过程中立过大功，后被朱元璋找借口诛杀。

2. 杨宪，山西太原人，朱元璋身边的情报人员首领，因结怨太多，被朱元璋所杀。

3. 李文忠，安徽人，明朝开国名将，朱元璋外甥，封曹国公，因劝朱元璋少诛戮而受责，病死。

4. 徐达，安徽人，明朝开国元勋，优秀的军事统帅，封魏国公，病死，后追封中山王。

5. 李善长，安徽人，明朝开国第一功臣，明朝第一任丞相，权倾朝野。被视为胡惟庸谋反案的同党，遭灭族之祸。

6. 胡惟庸，安徽人，明朝最后一任宰相，因谋反案被杀。因胡惟庸案被牵连致死的多达三万人。

7. 汤和，安徽人，明朝开国功臣。在众多军事将领中，汤和第一个请求解除军权回乡养老，毕生低调谨慎，善终。

8. 蓝玉，安徽人，明朝开国名将。涉嫌谋反被杀，牵连者过万，史称“蓝玉案”。

9. 傅友德，安徽人，明朝开国名将，封颍国公，被朱元璋找借口赐死。

10. 冯胜，安徽人，明朝开国名将，封宋国公，遭猜忌，被朱元璋赐死。

11. 郭英，明初将领，身经百战。胞妹为朱元璋宠妃，善终，追赠营国公。

12. 刘基，浙江青田县人，明朝开国元勋，以神机妙算、运筹帷幄著称于世。因病而死，死后其子指证胡惟庸将其毒死。

13. 朱元璋，安徽凤阳人，明朝开国皇帝。早年起义，后推翻元朝统治，恢复华夏政权，晚年大杀功臣。

14. 朱标，朱元璋嫡长子，洪武元年正月即被立为皇太子。性格仁爱，未登基而病逝。

15. 陈宁，明朝御史大夫，因胡惟庸案被杀。

16. 涂节，明朝御史中丞，先是胡惟庸同党，后见事不机密，告发胡惟庸，被当街斩首。

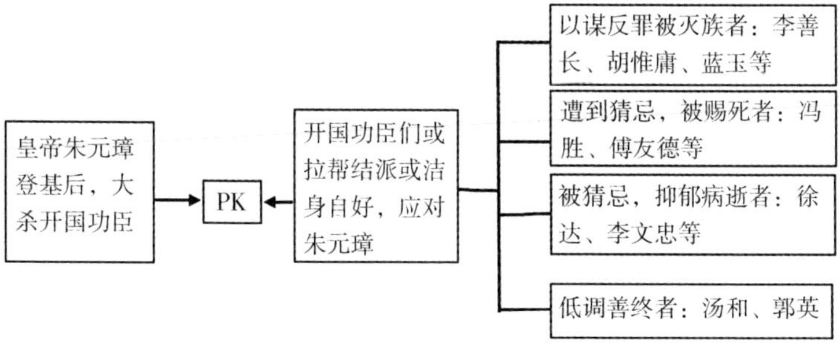

朱元璋与开国功臣关系图

第二章　叔侄夺位，大臣的纠结站队

1.都是削藩惹的祸

洪武三十一年（1398年）五月，太祖朱元璋驾崩。放着二十多个儿子不用，让皇长孙继承大统。这一点在遗诏中写得很明白："皇太孙允炆仁明孝友，天下归心，宜登大位，内外文武臣僚同心辅佐，以安吾民。"有了这么好的继承人，朱元璋走得很安心。

二十二岁继位的建文帝朱允炆却没有爷爷那么乐观。他的性情是温和的，不过生在帝王之家，温和也是要看对象的。他可以修改《大明律》中七十多条比较严苛的法律条文宽待百姓，也有胆量一登基就拿叔叔们开刀。

为了防止叔叔们回京"捣乱"，朱允炆下发了一个很不近人情的通知——不允许诸位藩王进京参加朱元璋的葬礼，只让他们在各自的封地自行祭奠。藩王的儿子们可以来京吊唁，不过来了之后就不许离开，需要在南京守孝三年。但是有了这么

明朝藩王冠冕

多世子作为人质，朱允炆在削藩的过程中却没有好好利用，实在遗憾。

对于散布在各地的藩王叔叔们，朱允炆忌惮他们不是一天半天了。他之所以敢在登基的第一年就启动削藩的政策，底气来自强大的智囊团。朱元璋临终之前，为孙子精心选择了三位好帮手，他们的名字分别是黄子澄、齐泰和方孝孺。这三位先生都是在学问和道德上无可挑剔的大儒。

黄子澄当年参加科举考试的时候，是会试第一名，研究学问肯定没有问题。朱允炆登基之前，他官至太常寺卿，同时兼任东宫伴读，做这两件事情的黄子澄还是比较称职的。不过这样一个擅长读书、考试的人才成为翰林学士并积极参与国家政事，未必是一件好事。

齐泰与黄子澄是同年进士，他对经学很有研究，对于礼仪和兵法也很熟悉。齐德最引人注目的地方是他在做官风险很大的洪武年间，经受住了连续九年的考评，没有一点过失。朱允炆登基之后，齐泰以兵部尚书的身份辅政。

比起前两位，方孝孺更像是纯粹的读书人。他的科举之路不顺，连举人都未曾中过，但这并不妨碍方孝孺以道德文章闻名。朱允炆即位之后，将翰林侍讲的位置空出来虚席以待，诚意邀请方孝孺入宫为自己讲解周代礼法。

三个理论高手为朱允炆献上的最重磅的计策就是——削藩。

当初朱元璋率军灭元的时候，有感于元朝缺少强有力的藩卫，以致造成四处烽烟、朝廷却无力镇压的局面。所以在洪武三年（1370年）天下大定之后，朱元璋将自己的二十多个儿子封为藩王，驻守各地，每个儿子都掌握一定的兵权，也是出于巩固统治的需要。他考虑到北部边塞经常受到北元余部的骚扰，封地在北边的晋王、燕王、宁王的兵力更强。

封藩之前，朱元璋还特意作了一番表白，说自己让儿子们驻守到各处，不是出于私心，而是为了维护天下的长治久安。在太祖手下老老实实的藩王们到了侄儿掌权的时候也会乖乖服从中央号令吗？朱允炆并不这么认为。

他曾经忧虑地问爷爷：“外敌入侵的时候，叔叔们可以帮我的忙；如果叔叔们生出二心，我该如何自处？”朱元璋被孙子的问题惊住了，思虑了很久，才问朱允炆有什么想法。

朱允炆就说如果真的出现这样的情形，他先是以德服人。以德服人不管用的时候，他再削减叔叔们的封地，如果还是不管用，他就要动用武力削藩了。朱元璋当时对孙子的应对之策很满意，鼓励他就这么办。

事情往往“知易行难”。虽然削藩势在必行，但是朱允炆不知道究竟怎样削藩才不会引发大的动乱。此时的情景与汉景帝在位时极为相似，都是开国皇帝大封藩王，到了孙子继位的时候，众藩形成尾大不掉之势，威胁到了中央的统治。汉景帝当年的削藩是很顺利的，势力最大的吴王刘濞也不过稍稍挣扎之后就死于乱军之中。或许是从汉景帝的胜利中看到了曙光，朱允炆还没等叔叔们流露出不臣之心，就决定先下手为强了。他的智囊团对主子的意见很赞同，但是在制定具体的平藩策略时发生了一点分歧。

齐泰认为“擒贼先擒王”，收拾外藩也要从最难对付的燕王朱棣下手。只要平定了燕王，剩下的藩王们就会土崩瓦解。他还拿汉朝的削藩举例子，说景帝正是看出吴王实力最强，才第一个出手对付他，逼迫他仓促应战。黄子澄的想法与齐泰相反，他认为削藩这件事不能一蹴而就，必须一步一步来。如果按照先易后难的顺序进行的话，等朝廷的大军讨伐燕王时，经验和实力都会大增，一定能够一举成功。

两个人的计划虽然各异，但是忠君为国的心是一致的。朱允炆仔细思索了两种方案，决定采纳黄子澄的意见，从实力最弱的叔叔入手，步步为营。可是他忘了，在对付燕王之前对付别的叔叔，等于告诉燕王接下来我就要拿你开刀了，燕王怎么可能坐以待毙？

朱允炆不考虑那么多，他在登基未足一个月的时候，就落下了削藩的第一刀。第一个“挨刀”的是周王朱橚。朱橚是朱元璋的第五子，燕王朱棣的同母兄弟，封地在河南开封。黄子澄等人正是考虑到燕王是最大的威胁，才会拿周王开刀，认为这样做可以斩断燕王的助力。

削藩的计划虽然制订好了，但是抓人也要有个理由才是。朱橚的次子朱有爋适时出现了。他主动向朝廷举报自己的父亲图谋不轨，朱允炆马上下了一道密旨给李景隆，让他火速抓捕周王。朱有爋此举或许是出于对世子地位的嫉妒，他也因为举报有功，得到了朱允炆的奖赏。

李景隆调动大军奔赴周王府的时候，朱橚根本就没做任何准备。他是堂堂的亲王，独霸一方惯了，何曾想过有朝一日会成为阶下囚。李景隆毫不费力地将朱橚一家人押解回京，听凭建文帝的发落。朱允炆不想落一个杀害叔叔的罪名，就将周王一家发配到了云南。

送走朱橚不到半年的时间，朱允炆又以雷霆之势处理了十三叔代王朱桂。朱桂是太祖皇帝的第十三个儿子，在山西大同就藩。身为皇子的朱桂性格暴躁，这一点朱元璋在世的时候也无可奈何。但是朱允炆即位后，朱桂的性格就成了引祸的根苗。有人告发朱桂“贪虐残暴”，朱允炆马上大义灭亲，将朱桂一家发配到了四川。

又隔半年，岷王朱楩和湘王朱柏相继遭殃。抓捕朱楩的过程比较平淡，到了湘王朱柏这里却有了一点波折。原来朱柏认为自己身为皇子被狱吏抓捕是一种侮辱，他不堪受辱，就带着自己的妻儿一起自焚而死。

不是每个皇子都像朱柏一样不怕死，接下来的齐王朱榑就没有反抗，乖乖地听从了侄儿的安排，一夜之间，从亲王成为庶人。

朱允炆意识到了削藩的必然性，却忽略了削藩应该是一个循序渐进的过程。他初上任，根基未稳的时候就贸然出手，而且一出手就是连削好几个藩王，摆明了就是在告诉其他的叔叔们做好准备，你们都不会有好下场的。他每一次将叔叔贬为庶人之后，都没有善后的意识，不但让其他叔叔心生警惕，就是朝中的官员们也都人心浮动，不知该如何自处。

更让人无语的是，朱棣送来的三个儿子在黄子澄的建议之下被送回北京，说是要麻痹朱棣。如果这么明显的掩耳盗铃行为能麻痹住精明强悍的朱棣，也算是怪事一桩。

朱允炆接连收拾了几个叔叔，每一次都能顺利达到目的，让他有些飘飘然，认为朱棣也未必有想象中的那么厉害。他的下一个动手的目标就是北京的燕王——这个最令他忌惮的四叔。

朱允炆登基之后的一系列举措可谓连出昏招：朱元璋死后，不让叔叔们回京祭奠已经有违天伦了；他还崇文抑武，一再提拔身边的文臣，冷落满朝的武将，导致靖难之役的时候，多数武将都是出工不出力；削藩从实力最弱的周王开始，给了燕王四年的准备时间；最后举倾国之力对付燕王的时候，还特意嘱托部下不能让自己背负杀叔的罪名，给了朱棣若干次死里逃生的机会。不该冷血的时候冷血，不该仁慈的时候仁慈，朱允炆的江山摇摇欲坠。

洪武三十一年（1398年）十一月开始，已经有不少锦衣卫的密探出现在北平府，朱棣知道这是侄子派来监视自己的先行部队。是在家等着引颈就戮，还是奋起抗争争取更大的权力？朱棣几乎不用做什么思想斗争就选择了第二条路。

对于父皇生前的安排，立大哥朱标为太子，他没有意见，但是大哥死后，父皇并没有在二十多个儿子当中择贤立储，而是将朱允炆立为皇太孙，这就大大不妥了。朱允炆若是客客气气地对待自己的叔叔们，或许朱棣还不至于把事情做绝，毕竟顶着造反的名头，不是什么好事。但是朱允炆一上任就毫不留情地削藩，令朱棣等藩王在自危的同时，不由自主地生出反抗之意。

2. 造反，也要有靠谱的理由

俗话说“名不正则言不顺，言不顺则事不成”。谁要是占据了道德制高点，就等于立于不败之地。朱棣想要反抗，首先要替自己想一个光明正大的理由。朱允炆是大明帝国的皇帝，不遵守他的命令就是“抗旨不遵”，朱棣可不想从一开始就把自己置于道德的对立面。他和身边的谋士们仔细研究《皇明祖训》，总算找出了一条对自己有利的条款。

古人行事的最高准则是“祖宗家法”，朱元璋亲自编写的《皇明祖训》就是明朝的最高指示。《皇明祖训》虽然不允许藩王随便离开封地，但也提到如果朝中有奸臣篡权，藩王有义务帮助中央政府“清君侧”。朱棣就把建文帝身边的谋臣黄子澄、齐泰等人定义为“奸臣逆贼”，说自己将起兵讨伐这些奸逆之人，“以清君侧”。

不过朱元璋的原话中还有一句“亲王须训兵待命”，朱棣就在此处玩了一个文字游戏，装作没有看到这一句。天下人只看到朱棣是根据《皇明祖训》才起兵的，这不就是堂堂之师嘛！所以当他发动靖难之役的时候，真正拼死阻拦的军队很少。

朱棣以一府的兵力对抗朱允炆掌控的中央军队，似乎没有多少胜算。可是靖难之役的结果却是朱棣大胜，并开创了永乐盛世。朱棣在靖难之役中除了军事上安排得当之外，战场之外的政治仗也谋划得相当成功。

打着“靖难”的旗号反对建文帝的削藩政策就是一记狠招。洪武在位之时，朱棣曾多次率军出征蒙古，称得上是 “上马管军、下马管民”的优秀人才。他的威望、地位和政治影响在所有的藩王中间都是顶尖的，这也是他起兵造反后会有那么多人追随的原因。

朱棣的造反虽说是被朱允炆逼迫所致，稍显仓促了些，但他没有忘记为自己的起兵做充足的舆论准备。朱棣最重要的谋士是个僧人，叫姚广孝，法名道衍。姚广孝的学问驳杂而实用，尤其擅长权谋之术。要论治国统兵，朱允炆身边的黄子澄和齐泰加起来也不是他的对手。

早在朱棣没有就藩的时候，姚广孝就通过看面相发现了朱棣的“帝王之相”，决定辅佐朱棣成就一番大事业，顺道实现自己的人生理想。在他看来，朱允炆的削藩就是朱棣的机会，一个光明正大地为自己争取天下的机会。他发动了很多弟子化装成占卜算卦之人穿行于北平的市井之间，向老百姓宣扬燕王是福泽深厚之人。这个动作表面上看收效甚缓，实际上起到的作用是很大的。

燕王是太祖皇帝的亲子，身份高贵；燕王又戍守国门，屡次打败蒙古人的进攻，战功卓著；再经过一群“半仙”们别有用心的渲染，燕王的身影又高大了许多。当燕王振臂高呼“朝廷出了奸臣，尔等随我清君侧”的时候，绝大多数的士兵都心潮澎湃，认为自己即将跟随燕王进行一场“正义讨伐邪恶”的战争。

北平指挥使张信接到建文帝的密诏，要求他仿照李景隆当年抓捕周王的做法，秘密拘捕朱棣全家的时候，内心很是纠结。他是燕王的旧部，平日和燕王府的关系处得不错；可他又是朝廷的人，应该“食君之禄，忠君之事”。抓还是不抓，这两个声音将张信逼得坐立不安。

他的老母亲知道朝廷降旨的原委后，非常郑重地告诫儿子：“早就听说燕王才是真命天子，命里注定要坐江山的。你上门捉拿他和家人，岂不是逆天而行吗？”在老母亲的“谆谆教导”之下，张信决定向朱棣投诚。

要是没有道衍的徒子徒孙们整日走街串巷散布消息，张家的老太太未必会有这样的想法。看来造反之前的舆论准备万万不能马虎，想来陈胜吴广“鱼腹藏书”、刘邦斩白蛇起义、韩山童挖出一只眼的石人、“挑动黄河天下反”都是有一定道理的，最起码能让底层的士兵和百姓相信自己效忠的主上真的是天命所归。

真正起兵之前，朱棣也把身边的武将们叫到一处，作了一番“表演”。他说朝廷现在要对燕王府下手了，但自己是忠于朝廷

北平行都指挥使司夜巡铜牌

的，为了表明自己的忠心，说不得要自杀明志了，就是怕亏待了这群一直追随自己的弟兄们。

那些武将们听了燕王如此委曲求全的话，一个个嗷嗷直叫。张玉说："自杀是妇人的行为，我们为什么不能跟朝廷的军队拼一拼呢？"朱能说："我们可以先控制北平的九门，不惧朝廷人多，天命在我们这边！"

朱棣看到部下们忠心卖命，很是欣慰，这才装作刚刚下定决心的样子。

举兵之前，朱棣召集部下举行了一次秘密的誓师大会。当时他正站在高台上进行战前动员，突然间风雨大作，连屋顶的瓦片都被吹落下来。对于不太了解自然现象的古人来说，这样的天气肯定不是好兆头，甚至有人已经开始预测此行必败。

这个时候就显出道衍和尚的作用了。他见此情形，立刻高声恭贺朱棣，说飞龙在天的时候必定会有风雨相随，而且黑色的瓦片落地说明咱们该换上黄瓦了，这都是大吉大利的征兆。众人这才松了一口气。

下定出兵靖难的决心之后，朱棣和道衍开始设计具体的行动方案。他们将"朝中奸佞"的范围缩小，说是要讨伐"左班文臣"。齐泰、黄子澄、方孝孺等人可不就是左班文臣吗？这个口号让朝中的武将们松了一口气，私下免不了嘀咕："既然燕王是来讨伐那些书生的，我们为什么要为了保护他们到疆场血拼呢？"如此一来，武将们为国尽忠的斗志被瓦解了大半。

战场之外，朱棣的情报工作也做得相当出色。他知道想和建文帝打擂台，就必须了解朱允炆的一举一动。谁能精确掌握皇帝的动向，答案非宦官莫属。

朱元璋在位的时候，曾立下不少规矩，其中就有一条“不许宦官干政”。朱允炆视祖父的这一要求为金科玉律，将身边的宦官定义为低贱的奴隶。这样一群工作强度大、社会地位低的残缺之人围绕在朱允炆身边，自然怨念丛生。

朱棣抓住了宦官们渴望得到尊重的心理，对这些宦官客气有礼，还时不时地分发一些小礼物给这些人，赢得了很好的名声。当建文元年七月，朱允炆和朱棣展开正面厮杀的时候，宦官们依然不断地将宫内最新的消息传递到外面。他们希望朱棣能够入主皇宫，改善自己的生存环境。

当朱棣的军队久攻济南不下之时，南京皇宫的几个宦官竟然偷偷传递消息，说北方打仗，南京空虚，燕王何不直插南京？

宦官们不懂兵法，但是他们出的这个主意着实不错，让朱棣豁然开朗。打了三年仗，不过才从北平府打到保定，这样一池一城地打下去，要猴年马月才到南京。抛开大军围剿、山高路远这些因素不算，如果真能率领一支奇兵直捣南京的话，还真是一步险棋。

于是燕王的军队从济南战场撤离，专门避强趋弱，绕开了重兵把守的区域，兵临南京城下。朱允炆慌了，立刻召集自己的公主姑姑们，问她们该如何是好？公主们都是朱棣的姐妹，她们也不能肯定老四会不会念及骨肉亲情，不知道是该帮侄儿还是兄弟。

这时候朱棣把自己的意思写在信上，命军中的神箭手将信射入南京城。信中对皇亲国戚大加安抚，说自己不是来篡权夺位的，是在仿效周公来辅佐皇帝的。现在自己有一支兵马在城外，如果弟弟妹妹们为难的话，不如离开南京，去孝陵暂且躲避吧。

他的信件让南京城的朱家人吃了定心丸，大家认为朱棣还是很讲骨肉亲情的。只有朱允炆不相信朱棣的“好心”，抢在朱棣进城之前，一把火烧了皇宫。

朱棣没见到朱允炆，命人从火中拉出一具烧焦的尸体说这就是建文帝。如果建文帝活着的话，朱棣清了君侧，就不得不还政给侄儿。眼下建文帝烧宫自焚，正好为朱棣登基提供了借口。不管朱允炆是真死假死，只要他不露面，朱棣就能借着之前积累的舆论之力，登上皇帝的宝座。

不过登基这件事不能自己主动提，得臣子们再三恳求才行。果然，很有一些知趣的臣子接连上表，说朱棣如何天命所归，国家离不开你，等等。朱棣就退让说自己德行不够。臣子们再恳求，朱棣再推脱。如此反复了三次，朱棣才“勉为其难”地登基，改元永乐。

朱棣登基之后，也丝毫不肯放松对舆论的控制。他一上任就宣布革除建文帝的年号，硬是将建文元年到建文四年的这段时间在史书中生生抹掉，换成了洪武三十二年、三十三年的字样。年号的事情做好之后，朱棣开始 “包装”自己通过不正当手段登基这件大事。

朱元璋曾经定下过“嫡长子”继位的规矩。为了证明自己继位的合法性，朱棣干脆让史官编纂《太祖实录》的时候把自己写成马皇后的儿子，还说朱元璋在世的时候就有心把皇位传给他。《太祖实录》前后修改了三次，朱棣才满意地表示这回差不多了。

市井之间不知怎么就流传出很多关于他和朱允炆这对叔侄的段子，翻来覆去只有一个意思——朱棣才是真命天子，朱允炆根本就是烂泥不上墙。

据说朱元璋活着的时候，曾经和儿孙们一起对对子，考验他们的急智。他看到仪仗队的马匹，就出了一个“风吹马尾千条线”的上联，然后让自己最为中意的皇太孙朱允炆做个表率。朱允炆也不含糊，张口就对“雨大羊毛一片毡”，引起一片笑声。这时候英明神武的朱棣上场了，来了一句“日照龙鳞万点金”，这个下联大气磅礴。

段子的真假姑且不论，单是说老百姓听见之后，肯定会认为朱棣比朱允炆更有帝王气象。

3. 谁都跑不掉的站队选择

历时四年的靖难之役，参与者除了基数庞大的军士之外，被裹挟其中的皇亲国戚的数量也非常可观。朱元璋用藩王来守国门是出于江山永固的考虑，朱允炆削藩同样是出于这一目的。然而一个侄皇帝和几个书生费尽心机地对付久经沙场的王叔们，注定是一场悲剧。

在这场侄子和叔叔们撕破脸的战争中，几乎所有的皇亲国戚都未能独善其身。他们只能或主动或被动地选择自己的阵营，加入“相煎何太急”的血战。

在燕王之前被建文帝削爵囚禁的周王、代王、齐王等人在内战结束后恢复了昔日的爵位，虽然吃了不少苦，倒也落了个善终的结局。他们几个在靖难战役中所起的作用不大，至多算是为朱棣起兵提供了足够多的借口，宁王朱权和谷王朱橞才是这场战役的主动参与者。

宁王的封地在军事重镇大宁（今内蒙古宁城），拥有朵颜三卫在内的八万精兵。“带甲三万，革车八千”可不是说着玩的，朵颜三卫更是明朝军队最为能征善战的力量，所以宁王是除了燕王之外兵力最强的一个藩王，他的站队非常重要。如果宁王唯朱允炆马首是瞻，朱棣未必能成功。朱棣也想到了这一点，他在起兵之初，就冒险把北平丢给长子朱高炽守卫，自己亲率兵卒来到大宁争取宁王的支持。

朱棣亲自来与宁王交涉，除了希望实力强大的宁王能与自己联合作战之外，更是为了消除自己的后顾之忧。毕竟他要南下对抗朝廷大军，宁王的军队却在北方，万一这个弟弟忠于朱允炆，在背后给自己一刀，那就完了。

来到大宁之后，朱棣对着朱权就痛哭一场。他说太祖的骨血如今被朝中的奸臣欺凌，侄儿朱允炆想必也是受了他们的蒙蔽。我们这些人难道就应该乖乖束手就擒吗？宁王也哭，但是绝口不提自己要参与作战的事情，客气了一番之后，将朱棣送出门外。

这时候，朱棣埋伏在四周的兵士一拥而上，将宁王围在中间。朱棣就招呼他跟自己干，说将来得了天下，咱们一人一半。精明的宁王在自己的地盘上被人抓住，实在可疑。最大的可能就是他早就知晓了四哥的意图，却不方便主动答应。这才装作被俘，无奈之下，借出了自己的军队。

朵颜三卫被四哥带走了，宁王自己留在大宁，继续观望态势。他已经将自己立于不败之地了。因为朱棣若是得胜，他就是从龙之臣；朱允炆若是“卫冕”成功，他也可以说自己是被迫借兵的。再说了，朵颜三卫是被朱棣强行带走的，他本人不就坚决没有跟随四哥上战场吗？

谷王朱橞的情况和宁王不同。他少年得志，十二岁就被册封为谷王，统领上谷郡地和宣府，很得太祖器重。建文帝即位之后，他也比较顺从，没有像燕王一样流露出不臣之心。朱棣举兵进逼南京的时候，朱橞响应建文帝的号召，带了三千护卫勤王，守卫南京的门户金川门。

不过当朱棣带兵渡过长江来到金川门外时，朱橞却没有抵抗，而是和李景隆一起开门迎王纳降。从朱橞来到南京的作为来看，这个王爷帮助建文帝平叛是假，为朱棣做内应才是真。

朱棣登基之后，念在朱橞献城有功的份儿上，将他的封地从塞外苦寒之地转移到长沙这个膏土肥沃的地方。

朱元璋的四子和孙子决战，其余的儿子们则需要在靖难之役中艰难地选择自己的归属，他的女儿和女婿们也不能置身事外。怀庆公主的驸马王宁比较看好朱棣，在战争开始前就向朱棣泄露朝廷的动向。可惜事不机密被朱允炆察觉，被囚禁起来。朱允炆的仁慈让王宁平安等到了朱棣攻城的日子，这位有眼光的驸马都尉得以封侯。

《永乐大典》编撰于大明永乐年间，由内阁首辅解缙总编

其他几位参战的驸马就没有王宁这么好命了。宁国公主的驸马梅殷、大名公主的驸马李坚、南康公主的驸马胡观都倒向了代表正统的朱允炆的阵营，他们在战败之后都成了朱棣的俘虏。与朱棣私交不错的胡观被无罪释放，李坚直接病死，梅殷却被秘密杀害了。

长兴侯耿炳文是朱元璋开国功臣中硕果仅存的几位老将之一。他的儿子耿璇娶了朱允炆的姐姐江都公主，只能陪朱允炆将战斗进行到底。可惜的是耿炳文善守，朱允炆却将老将军安排到进攻的角色上，兵败成为意料之中的事情。耿璇在战后被杀。

朱棣的两个妻舅徐祖辉和徐增寿在战争中做出了截然不同的反应。徐祖辉善战，多次成功阻拦了朱棣南下的进程，可是朱允炆总是害怕徐祖辉会在关键时刻倒戈相向，临阵换将，将徐祖辉召了回来。徐增寿倒是心向姐夫，他秘密参与了朱棣的阵营，向朱棣传递信息被朱允炆得知，一剑将其刺死。

曹国公李景隆在靖难之役中是一个重要的配角，他是朱允炆的表兄，也是和朱棣一块长大的朋友。朱棣起兵之时，听说是李景隆率领五十万中央军北上，就预料到自己获胜的可能性很大。他敢在李景隆大军压境的时候，丢下儿子守城，自己去往大宁搬兵，就是出于对李景隆能力的了解。

果然，李景隆在围攻北平一战中大败而归。朱允炆没有追究李景隆的失败，反而在次年给了他六十万大军，命他继续作战。李景隆还是辜负了皇恩，再次战败，还在朱棣兵临城下的时候打开金川门，献城投降。

很难说李景隆到底是不懂兵法还是故意落败。反正最后的结果是李景隆因开门之功被封为群臣之首。李景隆的高升受到了朱棣旧部的嫉恨，他的一些出格的举动被弹劾，朱棣顺势将其软禁在豪华的国公府二十余年，了此残生。

朱元璋在位期间，已经将开国的武将们处理了七七八八。这一结果导致了朱允炆要发动削藩战争的时候没有合适的将帅可用。朱元璋觉得文臣颠覆政权的可能性不大，给孙子留下了一个超豪华的文臣团队。这些读书人对朱棣造反篡权的行为深恶痛绝，誓死追随代表正统的建文帝。

方孝孺、黄子澄、齐泰、练子宁、卓敬、陈迪、高翔、铁铉等一个个高傲的名字或被凌迟，或被灭族。他们的妻女姐妹也难逃战败的厄运，一个个曾经养尊处优的官家女子被充入教坊司，任人凌辱。是他们在提醒着朱棣，帝位继承的不合法是自己一生最不愿提及的话题，谁来揭这个伤疤，谁就将承受最残酷的惩罚。

对建文帝的铁杆忠臣，朱棣杀起来毫不手软。他这样做也有一个很好的借口，因为这些人在朱允炆面前搬弄是非、离间皇室骨肉才闹出了历时四年的靖难之役，只有毫不留情地打压这些蛊惑君上的乱臣贼子，才能还世道一片清明。

南京虽然也是虎踞龙盘之地，但在朱棣眼中，北京才是他的大本营，只有回到北京，朱棣才不会感觉到南京孝陵的父亲在盯着自己；再者蒙古人屡次寇边，都城在南京的话，指挥起来总有鞭长莫及之感，都城迁到北京，可以用天子之威，驻守国门，保证江山的稳固；南方已经接受朱家的教化三十多年，认可了大明的统治，北方却有很多地区一直被明朝和北元争来夺去，民心不稳，将都城设在北京，也是出于控制北方广大地区的需要。诸多的因素叠加到一起，朱棣迁都的步伐不容阻挡。

跟随朱棣起兵的旧部们没有什么反应，反对的声音来自建文朝留下来的文臣们。虽然朱棣当年用血腥的手段镇压了一部分死忠朱允炆的臣子，但是庞大的文官系统是不可能斩尽杀绝的。这些人大部分都是南方人，所有的亲戚故旧、社会关系都在南方，根本不舍得离开。

凡是提出反对意见的人只有两个下场——要么革职，要么严惩。这种铁腕手段有效地阻止了反对的声音。第二年，庄严肃穆的紫禁城开始动工。

当河道疏浚、衙署落成、城市的基本建设完毕之后，朱棣于永乐十九年（公元1421 年）正式下令迁都北京。至于南京，仍然可以行使它的行政使命，比如兵部和户部就承担起南方的军事和民事工作，职权范围也不小。迁都的过程中虽然也有不少反对的声音，但是任何人的反对都没能阻挡朱棣的脚步。他的强势让很多朝臣敢怒不敢言，只能偷偷地把怨念放在心底。

永乐十九年的夏天，紫禁城遭遇了一次雷击，郁积在大臣们心中的怨念爆发了。当时刚刚落成不久的奉天殿、华盖殿和谨身殿同时被雷击中，引起了火灾，尽皆焚毁。三大殿经过几年的营建，已经颇具规模了。西南的木料、西山的石料，运输都耗费了无数的人力物力。大臣们抓住这件事不放，竟然闹出一场“还都南京”的大规模劝谏事件。

古人不明白雷电是怎么形成的，也不知道在较高的建筑物顶上安放避雷针，遭雷击的几率本来就比较大。皇家还不允许老百姓的房子修得比自己家的高，否则就是“逾制”，这样一来被雷击的建筑总是高大的宫殿。北京的皇宫遭此不幸，被大臣们说成是“天火”，议论纷纷。

一个叫萧仪的礼部主事胆子比较大，别人都在小心翼翼地谈论天火的时候，他上疏说：“迁都北京和修建长陵两件事都有违

埋葬朱高炽的献陵

天意，大火是上天对大明的示警，一定是帝王的行为失德，才会引来这样的灾难。请皇上顺应天意，还是还都南京吧。”

其他人看到萧仪上疏之后，也纷纷附和说迁都这一步走得不妥，太祖皇帝多么英明神武，他老人家把都城定在南京是有道理的，虽然太祖也曾起过迁都之意，但也都是往西北方向的西安、咸阳等地迁，而不是北方戍边的重镇——北平。

朱棣看到如此多的反对迁都的奏折递上来，十分恼怒。他虽然解释不了雷击这样的自然现象，但是他确信萧仪将迁都与三大殿遭雷击联系起来，是恶意诽谤朝政。因此他命锦衣卫将萧仪抓进大牢，以“谤君之罪”处死他，同时震慑其他胡言乱语的臣子们。

明朝的士大夫都有硬骨头。他们不怕被皇上杀头，能够死在劝谏皇帝的事情上对于他们来说是最好的名扬天下的机会。因此萧仪的死不但没有浇灭其他人劝谏的热情，反而有更多的大臣用奏折展开了对朱棣的攻击。

同情萧仪的人多半是来自六科十三道的言官。从事这一工种的言官们为朱棣也为他的后世子孙们带来了很多的不便，也是在这群人的监督之下，明王朝才走过了二百多年的岁月。

言官们都是年轻的官员，他们步入仕途的时间尚短，还有未曾打磨掉的棱角来支撑自己弹劾一切不平之事。反观朝中的各位大佬几乎都是二十年前靖难之役中对朱棣死忠的旧部，他们对迁都从来不说半个“不”字。最主要的是朱棣的旧部在南下的过程中与南方士族结下了血海深仇，他们与朱棣的利益一致。

朱棣看到言官们的奏折没有什么新鲜的内容，无非是翻来覆去地陈述迁都有哪些弊端以及此次的天灾都是迁都惹的祸。朱棣为言官们的短视感到痛心，为什么这些人就不能理解自己守国门的良苦用心呢?

他让反对迁都的言官们跪在午门外反思，反思之后与拥护迁都的大臣们辩论迁都到底是利大于弊还是弊大于利。

午门外的广场上，言官们与拥护迁都的大臣们展开了激烈的辩论。整整一天，他们谁都不能说服对方，约好了第二天继续辩论。第二天，辩论还是没有结果。

朱棣一锤定音，哪怕老天爷再劈三座宫殿，也不能阻止他迁都的决心。至于还都南京，这样的话以后休要提起。

朱棣死后，监国多年的太子朱高炽即位，他倒是有意将都城改到南京去。不过朱高炽短寿，在位不到一年就驾崩了，他的儿子朱瞻基遵从了祖父的意志，仍将国都迁往北京。

本章主要登场人物：

1. 朱允炆，明朝第二任皇帝，朱元璋的长子长孙，年号建文。靖难之役中，朱允炆败于朱棣，下落不明。

2. 朱棣，明成祖，年号永乐，朱元璋第四子。靖难之役后打败侄子朱允炆，称帝，迁都北京。

3. 朱橚，朱元璋第五子，明成祖朱棣的胞弟，封周王。朱允炆削藩的首选目标。

4. 黄子澄，江西分宜人，洪武进士，授修撰，向建文帝建议削藩的主要人物之一。靖难之役后，被朱棣诛灭全族。

5. 齐泰，江苏省南京人，向建文帝建议削藩的主要人物之一。朱棣进入南京后，齐泰被斩首。

6. 方孝孺，宁海人，明朝大臣，因拒绝为朱棣草拟即位诏书，被“诛十族”。

7. 李景隆，李文忠之子，袭父爵封曹国公。靖难之役时，李景隆奉命讨伐朱棣，屡战屡败。永乐时加封太子太师，被告谋反，软禁致死。

8. 朱柏，湘王，朱元璋第十二子，建文元年被告发谋反，自焚而死，无子嗣。

9. 朱桂，代王，朱元璋第十三子，就藩于大同府。建文元年，被废为庶人。

10. 朱榑，齐恭王，朱元璋第七子，建文年间被削藩，废为庶人。

11. 朱权，宁王，朱元璋第十七子，封地为今内蒙古宁城，靖难之役中被迫支持朱棣。朱棣即位后，朱权改封南昌，郁郁而终。

12. 姚广孝，法名道衍，靖难之役的主要策划者，朱棣称帝的重要帮手。

13. 张信，曾任锦衣卫北平指挥使，早期奉建文帝之命抓捕朱棣，却临阵倒戈，成为朱棣的手下，备受朱棣宠信。张信死后，追赠郧国公。

14. 张玉，明朝靖难名将，明成祖朱棣的重要战将，死后追封荣国公。

15. 朱能，明朝靖难名将，明成祖朱棣的重要战将，死于南征途中，追封东平王。

16. 朱橞，谷王，朱元璋第十九子，自恃迎成祖进金川门有功，骄横霸道，于永乐十五年被废为庶人，狱中去世。

17. 朱高炽，明仁宗，朱棣长子，明朝第四位皇帝。年号洪熙，在位十个月去世，为政宽厚仁慈。

18. 朱瞻基，明宣宗，朱高炽长子，明朝第五位皇帝，年号宣德。在位期间，政治清明、经济发展，与父亲的统治并称为“仁宣之治”。

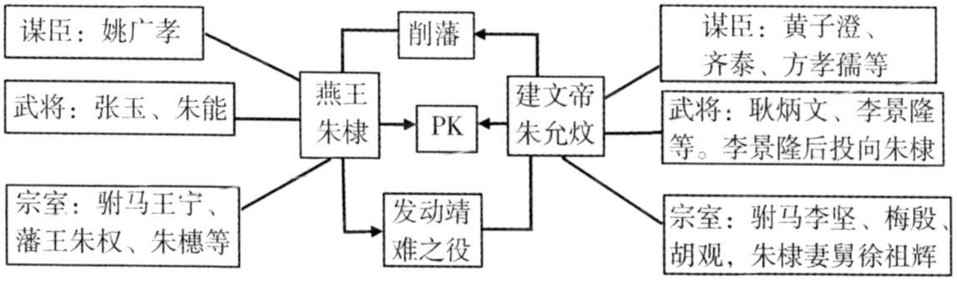

靖难之役人物关系图

第三章　强势不过三代，皇帝也不是好当的

1. 三杨用事，政归内阁

燕王府的旧部加上朱允炆留下的旧臣组成了永乐朝的官员阵容。因为没有了宰相的辅助，皇帝的工作量越来越大。朱棣杀伐决断的性格像极了朱元璋，谁也不敢提重启宰相制度这件事。朱棣也意识到工作中的种种不便，就为自己挑选了一个阵容豪华的秘书团队，秘书们的统一称呼是“内阁大学士”。秘书团的成员都是朱棣亲自挑选的翰林学士，职务不高，也不能参政议政，只是按照他个人的旨意辅助处理政务。有“大明第一才子”之称的解缙就是其中之一。

朱棣是强势的皇帝，这就决定了他的臣属不可能强势。永乐时代的内阁比较低调地遵照朱棣的指示办事，只是一个协助皇帝处理政务的常设机构。很难想象一个没有专门衙署、没有官衙印信、没有官员属吏的内阁会有多大的职权。

有人形容皇权与相权的关系就像一场拔河比赛——你弱我就

强。朱元璋和朱棣父子两个能把相权压制得死死的。朱棣死后，太子朱高炽艰难继位，庙号仁宗。朱高炽是徐皇后所生，既是长子，又是嫡子，但是他的继位之路并不顺利，随时都有被废的危险。究其原因，还是朱棣偏爱次子汉王朱高煦所致。

朱高炽在二十年的太子生涯中，以善于结交文臣而名声远播。当时臣子们都知道，朱棣偏爱二子朱高煦，可是有朱元璋规定的“嫡长子继位”的祖训悬在头上，他不得不立长子朱高炽为太子。尽管如此，他还是经常把朱高煦带在身边，南征北战的时候也不例外。是以朱高煦在人前露脸的机会很多，朱高炽却只能以监国太子的身份留守京城。

朱高煦的骑射功夫、统兵能力都得到了父亲朱棣的欣赏。淇国公邱福和驸马王宁等人站在朱高煦一方，一有机会就向朱棣进谏，希望能立他为储君。朱高炽的嫡长子身份以及沉稳、内敛、尊师重道的品行却得到了整个文官集团的大力支持。

朱棣是高高在上的皇帝，他不惧怕任何一个文臣，但他不敢小看整个文官结成的联盟。虽然这个联盟不是很牢固，但是由同乡、同门、同年、同窗等种种关系交叠在一起的集团有着极其庞大的能量。

支持朱高炽的文官以解缙和“三杨”最为有名，是他们前赴后继地不懈推进，才让朱高炽顺利继位。朱高炽登基之后，也主动下放了一部分权力给内阁，才让这个辅助性的秘书机构逐渐演变为大明实际上的宰相机构。

解缙主持《永乐大典》的编纂工作得到了朱棣的高度评价。高兴之余，解缙忘了“伴君如伴虎”这句老话，陷入了帮助太子朱高炽争皇位的宫廷斗争当中。朱棣本心是喜欢酷似自己的二皇子朱高煦的，是解缙的一句“好圣孙”让朱棣重新思考了立太子的问题。可以说是解缙的提醒帮助朱高炽争到了太子之位，立储的诏书也出自解缙之手。

朱棣在立太子之后就觉得亏欠朱高煦，他不但封老二为汉王，封地云南，就连朱高煦嫌弃云南偏远，不想就藩，朱棣也听之任之。朱高煦一日不走，对朱高炽来说就是一种威胁。这件事对太子很不公平，但朱高炽有苦不能说。解缙再一次充当了为太子代言的急先锋。

一日，解大才子在朱棣接见内阁大学士的时候大胆劝谏，希望皇上督促汉王尽快去云南就藩。他还说如果汉王继续留在京城，待遇规格直逼太子，容易引起争端。朱棣大怒，说解缙这是在离间皇家的骨肉亲情，对他极为不满。第二年，朱棣赏赐内阁的其他大学士每人一件二品纱罗衣，唯独没有解缙的份儿。

朱高煦恼恨解缙误了自己的“锦绣前程”，一直找他的麻烦。解缙行事比较高调，很容易就被朱高煦抓住了疏漏。解缙是内阁中人，能接触到很多一般人接触不到的机密，皇帝又最是忌讳旁人打听自己的私事，朱高煦诬陷解缙泄露皇家机密，朱棣对解缙心生不满。顶着“大明第一才子”的名声，解缙主持了两届会试。永乐二年，解缙选拔的一甲三名都是江西人，让朱高煦大做文章。在解缙看来，自己是“举贤不避亲”，那三位考生也都不是他的亲属，只不过凑巧都是江西老乡罢了。朱高煦不管，派人弹劾解缙“阅卷不公”，将其贬为广西布政司参议。

解缙去广西之前又得罪了礼部郎中，再次遭到弹劾，朱棣顺势将其贬到交祉省去了。交祉位于今天的越南境内，解缙此去，关山万里，比汉王的封地云南还要远出一大截。

永乐八年（1410年），解缙因公事回京禀奏。当时朱棣远征蒙古没有回来，解缙就去了太子府，向朱高炽汇报工作。文官私下接近太子是皇帝比较忌讳的事情，解缙此举把自己送上了不归路。他不是一个人入狱的，与他交好的大理寺寺丞汤宗、宗人府经历高得抃、中允李贯、赞善王汝玉、翰林院编修朱纮等人都被牵连，连坐入狱。永乐十三年（1415年）朱棣想起还没有处置诏狱中的解缙，就让锦衣卫指挥使纪纲将这“不识时务”的大才子冻死在大雪之中。由此可见，朱棣时代的内阁大学士虽然听起来好听，还真没有多大实权，一朝得罪了皇上，就永无翻身之日。

“三杨”的结局比解缙要好得多。他们能够在内阁站稳脚跟，还用几十年的时间为内阁争取到了足够大的权力，靠的不仅仅是运气，还有实力。“三杨”是三个人，他们都是建文年间的进士，在永乐朝崭露头角，在洪熙和宣德两朝如日中天，到了朱祁镇登基的时候，这三位老先生还拖着老迈的身躯与大宦官王振周旋了好几年，才心有不甘地离开人世。所谓五朝元老，指的就是像三杨这样能左右政局的高级人才。

按照地域来区分的话，内阁“三杨”分别指的是“西杨”杨士奇、“东杨”杨荣和“南杨”杨溥。他们在内阁辅助四个皇帝主持朝政四十多年，相继以首辅的身份出现在明朝的政治舞台上，具有相当大的影响力。直到现在，人们提起明朝的内阁，都少不了“我朝贤相，必曰三杨”。正是在“三杨”的推动下，内阁的职权才不断加重，明朝才有了一套比较完善的政务流程，即“三杨用事，政归内阁”。

杨荣的发达是从一句话开始的。早期的杨荣走的是读书、应试、做官这样一条风险小、收益不确定的老路。这条路他走得还算顺利：三十岁考中进士，进入翰林院做编修。建文朝是方孝孺、黄子澄那样的大儒们意气风发的时候，杨荣并不起眼。他的出路在起兵造反的燕王朱棣身上。

那一年，朱棣在经过了四年艰苦的战斗之后，终于可以纵马入南京了。就在他要进入大殿的时候，一个人站出来挡在了朱棣的前面。他说燕王现在不应该入宫即位，让燕王和手下的人都怀疑自己的耳朵是不是出了毛病。这个拦路的人如果没有合适的理由，他的下场只有死路一条。

这个人是杨荣，他的脑子并没有坏掉。他只问了朱棣一句话："殿下先谒陵乎，先即位乎？"

这句话让朱棣对杨荣刮目相看。一个不起眼的读书人竟然有如此过人的胆量、如此缜密的思维，可堪大用！朱棣听了杨荣的提醒，马上调转马头去给太祖皇帝上坟。后来，朱棣登基，把杨荣从翰林院提出来，安排到内阁做自己的行政参谋。

杨荣的表现总是能给朱棣惊喜。一个偶然的机会，朱棣发现从来没有领军作战经验的杨荣竟然对边防事务特别熟悉。他在位期间的几次远征都带上杨荣随军，杨荣也没有让朱棣失望，总是表现得恰到好处。最让朱棣满意的是杨荣没有参与到两位皇子的夺位争斗当中，为此他放心地把军队的印信交给杨荣保管。

朱棣不知道的是，杨荣一直就是不折不扣的太子一党。永乐二十二年（1424）七月，朱棣在远征途中病逝。杨荣当机立断，秘不发丧，命令手下驰奔千里，向太子朱高炽密报成祖皇帝的死讯，为朱高炽登基争取了宝贵的时间。朱高炽登基以后，以杨荣功劳最大。

与杨荣相比，杨士奇的经历稍显平淡。朱棣北巡期间，他是留守京师辅佐太子监国的大臣。永乐九年，朱棣回京，把杨士奇叫来询问太子监国的情况。当时朱棣对追随自己鞍前马后的二皇子朱高煦已经非常中意了，太子的地位岌岌可危。杨士奇见到朱棣之后，实事求是地汇报太子为人宽厚、孝敬、天资聪颖、知人善任，等等，为朱高炽赢回了宝贵的一分。

永乐十四年（1416年），朱棣再次北征归国。他多少听说了一些汉王与太子之间的争斗以及汉王的一些上不得台面的手段，就召杨士奇前来确认。杨士奇也不添油加醋，从容回答自己侍奉东宫，对汉王的行径了解不多，但是汉王一直迟迟不肯就藩，似有不妥。何况汉王听说皇帝准备迁都北京之后，马上请求留守南京，这是出于什么考虑呢？朱棣听了杨士奇的话之后，又考察了一段时间，终于削减了汉王的两个护卫营，表明了自己不打算换太子的心意。

永乐二十二年（1424年），朱棣去世。按照明朝的规矩，皇帝的服丧期是二十七天，之后众人就可以恢复平时的穿戴。朱棣服丧期满的第二天，满朝文武都脱下了丧服，只有张辅和杨士奇二人仍旧穿着丧服上朝。当仁宗朱高炽出现的时候，大家发现皇帝也没有从服丧期走出来，就知道张辅和杨士奇该交好运了。果然，朱高炽对这两位大臣更加看重，着意提拔杨士奇。不久，他就成了内阁首辅兼兵部尚书，开了内阁直接管理六部的先例。

杨溥的仕途是"三杨"中最为波折的，他的政治生涯也与仁宗朱高炽的继位关系密切。那是永乐十二年（1414年）闰九月，朱棣北征回师，朱高炽迎驾稍迟，汉王朱高煦乘机发难，编排了一些太子的是非，朱棣很生气，下令将东宫官属全部下狱。杨溥就是被太子牵连的东宫官属之一。他在狱中整整十年，期间没有自暴自弃，而是潜心做学问，将狱中能够得到的书籍通读之后又反复思考，待到朱棣驾崩、朱高炽继位的时候，他已经磨炼得更加沉稳有度。

朱高炽即位之后对杨溥十分关心，曾在短时间内将杨溥连升三级，对其寄予厚望。杨溥入阁之后，以低调谨慎而著称。他每次上朝都低头顺着墙根走，从不流露骄狂之色，即使后来身居内阁首辅之位，杨溥依然不肯张扬。有时候大臣论事的时候会因意见不合发生争执甚至出言不逊，杨溥也不以势压人，而是平心静气地处理同僚之间的不同意见，被赞为“有相度”。

“三杨”之间很少有大的利益纠纷，他们在不断的合作中形成了一个较为牢固的“铁三角”。他们对仁宗朱高炽有情有义，与后来继位的朱瞻基也相处愉快。经过仁、宣两朝的磨合，“三杨”组合成为明朝最为团结的内阁班子。

他们还希望继续辅佐英宗朱祁镇开创一个大明盛世，可惜朱祁镇身边早已有了一个关系更为密切的伙伴——王振。英宗刚继位时，内有张太后，外有“三杨”，王振事事恭顺，不敢有丝毫的放肆。他每次去内阁传旨都不肯进去，只是站在门外，一副恭谨不敢干政的样子，渐渐消除了“三杨”的疑心。

在英宗面前，王振却换了一张面孔，不断地怂恿年轻的皇帝抓权。张太后看出王振的不安分，曾让宫女们戎装佩剑侍立左右，还把“三杨”和英国公张辅等重臣请进宫来，对王振会审。张太后声色俱厉地告诫王振，身为宦官不得干政是太祖皇帝的祖训，如果他敢违犯，定斩不饶。

动用如此豪华的阵容对付一个太监，王振何其有幸！就连英宗也有些害怕，连连替王振求情。自此以后，王振行事更加小心谨慎。他避开了太后和“三杨”，隐秘地在朝堂寻觅可以收拢的党羽。这样有什么事情可以让别人干，王振就摆脱了干政的嫌疑。他将瞒天过海的计策运用得炉火纯青，直到“三杨”和张太后因年老无力参政，才暴露自己的野心。此时，“三杨”再想铲除王振，为时已晚。

2. 一生能做两回皇帝才算有本事

正统十四年（1449年）十月，漠北草原举行了一场别开生面的宴会。宴会的主人是蒙古瓦剌部的太师也先，他邀请了草原上各部落的首领作陪，只为款待一个来自南方的贵客。贵客的名字叫朱祁镇，几个月前他以大明皇帝的身份巡边，结果成了也先的俘虏。

就在一个月前，也先告诉了朱祁镇一个比他被俘更加不幸的消息。北京城内，朱祁镇同父异母的弟弟朱祁钰已经在于谦等大臣的拥立下登基了，连年号都想好了，明年将会是景泰元年。他这个活着的皇帝被封了一个太上皇的称号。对大明来说，国不可一日无君，至于太上皇倒是可有可无。二十三岁就被迫当上太上皇的朱祁镇怎么可能甘心？

与他一样不甘心的还有瓦剌部的当家人也先。本来能够俘虏一个明朝的皇帝，对于被朱元璋、朱棣他们打得抱头鼠窜的草原部落来说是一件扬眉吐气的事情。也先一开始发现自己竟然抓住明朝皇帝之后也是狂喜，认为奇货可居，只要留着他作人质，就能不断地向明朝索要财物了。可是当这个皇帝被臣子们和弟弟抛弃，成为太上皇的时候，他的作用就打了折扣。

北京城里也有明白人。以兵部尚书于谦为首的臣子就是害怕瓦剌部会借着朱祁镇的名义招摇撞骗，这才拥立了郕王朱祁钰为皇帝，遥遵朱祁镇为太上皇。于谦还向边关将领下令，不得与瓦剌部接触，哪怕是对方打着太上皇的旗号也不行。

也先不肯放弃，他要替朱祁镇争取一次，一是证明自己立下了盖世之功，同时也得到更多的好处，这才有了四方部落齐聚一堂，与也先一起招待朱祁镇的宴会。也先就是为了告诉兄弟部落，自己与明朝正牌的皇帝正在把酒言欢，南边那个继位的朱祁钰是个“西贝货”；宴会结束后，他将率领大军护送朱祁镇回北京，与明朝缔结为友好联邦。如果此行顺利，明朝的茶叶和盐铁等物资会源源不断地送到草原来，他们不用拿族人的生命来换取这些生活必需品了。

也先一路护送人质朱祁镇来到明朝的国土上。他知道明军在居庸关的防守比较严密，就绕过此处，从易县城西的紫荆关挺进关内。车马行至易县的时候，当地的百姓听说蒙古人护送被俘的太上皇回来了，夹道欢迎，将美酒和美食献给朱祁镇。明朝百姓的反应给了也先极大的信心。

过了易县，过了涿州，过了卢沟桥，朱祁镇的车驾终于来到北京城外了。两个月的时间，朱祁镇从皇帝到阶下囚，然后凭借自己的智慧得到也先的信任，竟然在敌人的护送下又回到故国，其中的惊天逆转没有一颗强大的心脏根本承受不了。

也先让朱祁镇从随行的人员当中找出两个人来与城内的“伪皇帝”谈判。城内把持朝政的都是支持朱祁钰上位的人，他们不可能主动把朱祁镇迎进城。一山尚且不容二虎，一个皇宫内怎么能容得下两位九五之尊？朱祁镇第一次派出来的代表被杀死在彰义门外。彰义门就是今天的广安门，当时这一道门户是西部各省进京的必经之路。彰义门的鲜血浇灭了朱祁镇和也先的满腔热情。他们冷静下来之后，决定再试一次。虽然他们的最终目标大相径庭，眼下却绝对步调一致。

皇宫内的朱祁钰正在挣扎。土木堡事件发生之前，他从来就没有想过自己有朝一日会登上皇位。是于谦、王文等人一再坚持，他才迫不得已地坐到这个位子上。可是权力这个东西是会让人上瘾的，朱祁钰在位时间虽短，却也食髓知味，体验到了拥有至高无上的权力带来的成就感。他不想见朱祁镇，不知道该如何面对。

最后，朱祁钰还是派了两个低等的文官出来敷衍朱祁镇。这个待遇与朱祁镇想象中的锣鼓喧天、万人空巷有天壤之别。他恨恨地大骂这两个文官，随着也先又回到了漠北。

也先看到无法从朱祁镇的身上得到自己想要的好处，就失去了继续好吃好喝招待他的耐心。他改变了目标，声明只要明朝同意与草原互开边市，他就把朱祁镇毫发无伤地送回去。这个要求委实不高，朱祁钰如果再不同意就说不过去了。当初朱祁镇被俘，朱祁钰匆匆上位，就有一部分人表示不满。现在听说了也先的最新要求，他们就不断地向朱祁钰施加压力，希望能迎接朱祁镇回京。

景泰元年（1450年）八月，前往蒙古迎接朱祁镇的使节队伍终于成行，带队的大臣是都御使杨善。杨善是真心拥戴英宗的臣子，他为了让朱祁镇体面地回朝，变卖了自己的家产换成礼物送给也先。这一年，在漠北草原生活了一年的朱祁镇终于回到了阔别已久的北京城。

朱祁钰的皇帝做得好好的，他不舍得将皇位腾出来还给哥哥。对于这一点，朱祁镇也不抱幻想。朱祁镇不去争皇位了，朱祁钰却更加不安。他把哥哥和一些嫔妃们幽禁在南宫，连每日的饮食都是通过墙上的小孔送进去。

为了让自己过得舒坦，朱祁钰还出了一记昏招。他废掉太子朱见深，改立自己的亲生儿子朱见济为太子。这件事让他失去了道义，也失去了一部分臣子的支持。景泰四年（1453年），新立的太子夭折了，朱祁钰以为是天命所致，心情抑郁，身体渐渐不好了。朝中开始流传一个说法，新太子不当立，他没有福气坐在太子的位置上。朱祁钰听到之后，更是黯然神伤。

景泰五年（1454年），这种说法不再遮遮掩掩。御史钟同、礼部郎中申章纶、礼部郎中孟玘、太长寺少卿廖庄等人先后上疏，请求复立朱祁镇的儿子朱见深为太子。朱祁钰看到这些折子大为光火，重重杖责了上书的臣子。其中御史钟同被当场打死。被责罚的人因祸得福，在士林中留下忠直的美名，死去的钟同更是被家乡人供奉在忠节祠中，享受起世间的香火。

之后，吏部尚书王直、兵部尚书于谦、大学士王文等人也陆续向朱祁钰进言，请求让原太子朱见深复位。这几位重臣是私下说的，他们只是受到了朱祁钰的斥责，没有人因此而被杖责。接连两拨人为朱见深求情，朱祁钰感到了空前的压力。他只有朱见济一个儿子，独子死后再无所出。反倒是幽禁在南宫的朱祁镇不用整日操心，接连得了好几个孩子。

景泰八年（1457年）春节，朱祁钰的身体越来越差。宫里的大太监兴安告诉几位重臣，皇上的日子不多了，应该及早安排储君的问题。大多数臣子是倾向于立朱见深为太子的。毕竟这个孩子在他们的眼皮底下成长，还来得及塑造成他们心目中的标准帝王。

一个叫石亨的武官在此时打起了被幽禁在南宫的太上皇朱祁镇的主意。石亨知道一旦朱见深即位，王文、于谦这些人都有拥立之功，自己就会成为靠边站的角色。眼下他有镇朔大将军的印信，能指挥京军三万人马，完全有可能发动一场政变。在他看来，朱家子孙当中，唯一能比朱见深更有资格做皇帝的就是朱祁镇了。与其等待朱见深继位后，自己被边缘化，不如放手一搏，在朱祁镇身上赌一把。

石亨很有自知之明，他知道单凭自己一个人难以做成大事，就联合大宦官曹吉祥、京营的另外两位将军张軏和罗通以及当年竭心尽力迎接英宗回京的老先生杨善一起谋划此事。治理黄河有功的徐有贞与石亨颇有交情，他听说这个计划之后极力赞成，也积极出谋划策。

徐有贞建议宦官曹吉祥进宫向太后禀报此事，如果英宗复辟一事能得到太后的支持，可保万无一失。孙太后是朱祁镇的生母，对继子朱祁钰当皇帝本就不满，听曹吉祥说可以帮助自己儿子复位之后，欣然同意。至此，参与英宗复辟的准备工作已经就绪。上有太后的首肯，下有军队做后盾，朱祁镇重登大宝基本上成了板上钉钉的事情。

当王文、于谦等人还在商量着如何让朱祁钰同意立朱见深为太子的时候，石亨等人已经开始行动了。景泰八年正月十六日夜，徐有贞和石亨带领千余名士兵悄悄潜入长安门，直奔幽禁朱祁镇的南宫。

南宫是终年落锁的，就连锁芯都被注满了铅，根本无法开启。石亨见宫门紧闭，就令士兵们充当了一回拆迁工人的角色。千余壮汉拆墙、破门极为利索，很快他们就冲进了南宫，见到了七年未曾谋面的旧主朱祁镇。

这位被动复辟的皇上一如既往的漠然，仿佛这是别人的事情。他当年在蒙古住了一年，不曾惊慌失措；现在看到如此多的军士准备将他抬到龙椅上，也没有流露出狂喜。他上了辇车，跟随石亨等人从东华门入宫。守门的武士不肯开门，朱祁镇直接下车对武士说自己是太上皇，武士这才开了城门。

朱祁镇来到奉天殿，坐上了自己曾经坐了十四年的龙椅。

正月十七日早朝，百官按照惯例来到午门外的朝房等待上朝，忽然间宫门大开，钟鼓齐鸣。徐有贞的声音穿过大殿飘了出来“太上皇复位了！”八年之后再一次成为大明的主宰，朱祁镇的经历堪称传奇。

朱祁镇的复位来得悄无声息，却又惊天动地。为了证明自己即位的合法性，朱祁镇和太爷爷朱棣一样将前任的政权定义为非法政权。他将病榻中的朱祁钰降为郕王，软禁于西苑。这一年的年号景泰也就此作废，改称天顺元年（1457年）。朱祁钰病逝之后，被葬到北京金山口，一个专门供明朝藩王们使用的墓群。从后来朱祁钰死后不能埋进皇陵、牌位不能进太庙、庙号称“代宗”可以看出，在朱祁镇子孙的心目当中，景泰帝不过是爷爷的代替品，或者说一个替身。

废掉景泰帝，谁都不好插手。朱祁镇接下来要向少保于谦下手了。在老百姓心目中，于少保是爱国忠君的大英雄，在朱祁镇

埋葬英宗的明裕陵

心中，于谦却是不折不扣的混蛋。是他拥立朱祁钰登基，是他不接受也先送自己回来，是他对朱祁钰废掉自己的儿子朱见深的太子之位视而不见。朱祁镇非杀于谦不可。

正月二十二日，对景泰帝朱祁钰支持力度最大的王文和于谦被处死。之后，朱祁镇开始慢慢清洗这八年来对他无礼的人。那一年没有替自己打开城门的人、在朝堂争论时反对迎回自己的人、对自己儿子不好的人一一被清算，还有一些他暂时没有想到人的人也被曹吉祥、石亨、徐有贞等人提及，一一严惩。

对于拥立自己复位的功臣们，朱祁镇也逐一封赏。徐有贞被任命为兵部尚书，杨善被任命为礼部尚书，曹吉祥成为宦官中的老大，石亨出力最多，晋升为忠国公。石亨和曹吉祥将拥立英宗复辟当成了一场政治投机游戏，事成之后非常张扬，很快就被朱祁镇所厌弃。

曹吉祥和石亨像所有得志的小人一样，极度贪恋权力，他们任用私人、排除异己，还想插手内阁的事务。内阁大学士徐有贞和李贤冒险弹劾了在皇帝面前正得宠的两位红人。被弹劾的人毫发无伤，徐有贞和李贤反倒双双降职外放。石亨和曹吉祥看到皇上如此关照自己，行事更加放肆。

他们不知道的是，锦衣卫已经悄无声息地出现在周围，收集他们的不当言行。天顺三年（1459年），石亨落网。天顺五年（1461年），曹吉祥意图谋反，被灭族。

朱祁镇先是利用石亨和曹吉祥的骄横，借他们之手收拾了不听话的人，然后放任这两个人铸成大错，自己再为民除害。曹吉祥死后，景泰年间的大臣死的死、退的退、贬的贬，留下来的都是朱祁镇用得顺手的人才。他从下面的官员中亲自甄选了一些人补充到朝堂中来，天顺年间的阁臣和朝臣几乎个个勤勉而恭顺。

3. 忘记身份的太监不是好宦官

明宪宗朱见深的童年过得比一般人家的孩子还要多灾多难。父亲朱祁镇的坎坷经历深深影响了他的成长。他对大臣们不太信任，对身边的宦官却非常倚重。一个叫汪直的太监就是他继位初期与大臣们较量的武器。

汪直是广西大藤峡叛乱中的瑶民后代，幼年时就被俘入宫，生性机敏，很得朱见深的喜爱。成化十二年（1476年），京城出了一件“妖狐夜出”案，据说有狐狸精总在深夜伤人，闹得人心惶惶。朱见深对此也很关心，就命汪直便衣出宫查探。

当时汪直已经掌管御马监，是诸多得势的太监当中年纪最轻也最为皇上信赖的一个。他虽然没有查到“妖狐案”的来龙去脉，却打听到了很多以前不知道的秘闻。朱见深认为东厂和锦衣卫的人都不如汪直可靠，就支持他成立了一个新的特务组织，专门对自己负责。这个组织叫“西厂”。

汪直新官上任，急于表现自己。西厂成立没几天，福建就闹出了一场命案，上达天听。肇事者的身份较为特殊，他们是已经过世的“三杨”之一杨荣的孙子杨泰和曾孙杨华。这对父子仗着自己身份横行乡里戕害人命，被人告到了刑部。杨家人连忙入京活动，企图将此事压下来。刑部上下都打点好了，汪直却不肯就此放手，他着意深究此案，为西厂也为自己立威。结果，杨氏父子成为“杀鸡儆猴”中的那只“鸡”，牵扯到此案的官员全部落马。一时间，汪直和西厂名声大震，一般官员见到汪直都会退避三舍。朱见深总算看到了文官们恐慌的一面。

成化年间，官员们贪腐的现象也比较普遍。究其原因除了贪欲之外，与明朝官员的待遇过低也大有关系。这个时候的文官也好、宦官也好，最常见的生财手段就是倒卖食盐。朱见深对此情况总是睁一只眼闭一只眼，助长了宦官们赚外快的风气。汪直在打击了文官以后，开始对宦官下手了。他抓住倒卖食盐的南京镇守太监覃力鹏，一副要置覃力鹏于死地的架势。

覃力鹏被抓的时候正带着近百船的食盐招摇过市，如此嚣张其背后肯定有大靠山为其撑腰。果然当汪直要依法查办覃力鹏时，与内阁同样重要的司礼监向汪直发出警告，他们要保下覃力鹏。朱见深对当时的司礼监也不满意，嫌他们不肯完全听从自己的号令。汪直充分领会了主子的意思，揪住覃力鹏违法乱纪的事情不放。最后司礼监退了一步，将覃力鹏撤职，汪直才肯放过此事。

经过两次大的碰撞，汪直与文官集团和宦官集团都结下了梁子。他在勇猛向前冲撞的时候似乎忘记了自己也是宦官的身份，一心一意为朱见深所驱驰。汪直是一个很好的“鹰犬”，走私、受贿等常见的官场动作总是被他抓住，然后不留情面地处置。

四个月后，内阁的大学士们终于挺不住了。在首辅商辂的带领下，内阁几位阁臣联名上疏，弹劾汪直“伺察太繁、法令太急、刑网太密”；六部九卿的官员们趁此机会也一拥而上，说汪直和西厂的特务行为已经使得大明官场人心惶惶，请皇帝废除西厂；司礼监也是汪直重点得罪过的部门，掌印太监怀恩向朱见深施加压力，甚至暗示朱见深如果继续放纵汪直的行为，群臣有可能会集体罢工。朱见深被迫解散西厂，把汪直也撤了回来，让他到御马监掌管兵器。明朝的宦官衙门分二十多个部门，以司礼监和御马监最有权势。朱见深将汪直暂时放到御马监，也可以看出他对这只鹰犬的重视。

内阁、司礼监和六部刚刚庆祝赶走了汪直，一名南京的御史上疏为汪直鸣冤，说西厂和汪直的存在利大于弊，他们能够震慑宵小之辈，对官员起到很好的警示作用等。朱见深见到此折，立刻从善如流，恢复了西厂。汪直官复原职后，开始报复内阁和六部。很快内阁首辅商辂就承受不住汪直的骚扰递交了辞职信。六部当中，兵部尚书、刑部尚书和户部尚书都没能幸免，一些侍郎和御史也都被汪直挤兑出局。重新掌权的汪直代替朱见深对成化年间的官场完成了一次比较彻底的大清洗。

一个叫杨福的人曾在崇王府内为奴，有人跟他说他长得很像西厂的提督汪直。杨福竟然凭借这一消息，上演了一出“真假汪直”的闹剧。他从崇王府逃出来，假扮汪直从芜湖南下，一路“视察”民情。沿途各州府的长官们谁都没有怀疑他是冒牌货，争相奉承他，害怕他将自己的劣迹汇报给皇上。老百姓听说是敢于得罪权贵的汪直来了，就有求告无门的人带了诉状前来请汪直为自己申冤。这个杨福入戏太深了，竟然把自己当成了本尊，一本正经地接过诉状说是自会有人审理。

真汪直以不受贿天下闻名，假汪直却明目张胆地收受了很多贿赂。直到他来到福州行骗时，被当地的镇守太监卢胜识破，导致朝野轰动。一个假冒的汪直都能横行半个江南，可见汪直和西厂的势力扩张到了什么地步。

文官集团起初在汪直的强势反攻之下处于劣势。他们的优势是人多力量大，经过一段时间的休整之后，文官们开始考虑“曲线救国”的办法。他们知道汪直深得宪宗的信任，直接告状的效果不好。宪宗爱听戏，他们就在戏子身上狠下了一番功夫。

中宫有个擅长表演诙谐剧的演员叫阿丑，此人很有可能被文官或者司礼监的人“策反”了。一次宪宗来看戏，阿丑扮了一个醉汉卧地不起。旁人说“皇上驾到”，阿丑依然如故；旁人一提醒“汪太监来矣！”阿丑一翻身就起来了。旁人问他为什么不怕天子，却怕汪直。阿丑回答：“吾知有汪太监，不知有天子也。”这段台词很诛心，尤其是最后一句让宪宗印象深刻。汪直不过是自己的一条走狗，竟然闹到了世人只知有汪直、不知有天子的地步，这让主人情何以堪？由此，汪直在朱见深心中的地位摇摇欲坠。

成化十四年（1478年）起，汪直开始担任监军，参与到军伍当中。他在辽东镇守多年，与军队统兵的文官配合默契，遭到了宪宗的猜忌。他忘了自己的身份是宦官，而宦官最重要的使命就是帮助皇上制衡文官。

成化十八年（1482年），汪直被内阁首辅万安弹劾。朱见深马上准奏，同意裁撤西厂，并将汪直打发到南京御马监。细数汪直得势的日子，虽然带着西厂做了一些不受大臣欢迎的特务工作，但是还真没有做过多少伤天害理之事。他的发迹源于皇上与文臣的斗争，被贬也是皇上与文臣们达成了暂时和解。一代权阉失去了利用的价值，也逃不掉被弃之如敝履的下场。

本章主要登场人物：

1. 朱高煦，明成祖朱棣次子，对朱高炽登基造成威胁。朝中大臣因为朱高炽与朱高煦继位，分成两派，纷争不断。朱高炽继位后，朱高煦起兵造反被杀。

2. 邱福，明成祖大将，封淇国公，因支持朱高煦继位失败，被削夺爵位。

3. 王宁，朱元璋女婿，怀庆公主驸马，因支持朱高煦争夺皇位而入狱。

4. 解缙，大明第一才子、《永乐大典》总纂修，因支持朱高炽、参与帝王家事而入狱。

5. 杨荣，永乐朝内阁首辅，老成持重，擅长边防事务。

6. 杨士奇，五朝元老，入阁四十余年，首辅任二十一年。

7. 杨溥，朱高炽身边的官僚，遭到汉王朱高煦的威胁，一度入狱。朱高炽登基后受到重用。

8. 张辅，张玉之子，明朝名将，征安南战争中立下大功。

9. 朱祁镇，明英宗，明朝第六位皇帝，明宣宗长子，年号正统。曾因土木堡之变被瓦剌俘虏，后发动政变，重新登基，改元天顺。

10. 朱祁钰，明代宗，明朝第七位皇帝，明宣宗皇二子，明英宗朱祁镇弟，因土木堡之变继位。在位八年，因英宗复辟，被软禁去世，死后未葬入皇陵，葬藩王墓群。

11. 王振，以教书先生自阉入宫，成为太子朱祁镇身边的红人。朱祁镇继位后，王振成为明朝第一个专权的太监。

12. 张太后，明仁宗朱高炽皇后，英宗朱祁镇即位时年幼，张太后对政权影响很大。

13. 于谦，明朝名臣，民族英雄。英宗被俘后支持代宗继位，英宗复辟后被杀。

14. 王文，明朝大臣，英宗被俘后支持代宗继位，英宗复辟后，王文与于谦一同被杀。

15. 石亨，明朝大将，发动夺门之变，拥护英宗复辟，权倾朝野。

16. 曹吉祥，明朝宦官，因拥护英宗复辟，升司礼监掌印太监，后谋反被杀。

17. 徐有贞，明朝大臣，因谋划英宗复辟掌握大权。

18. 李贤，明朝大臣，陷入徐有贞与石亨的斗争当中，被诬陷。

19. 朱见深，明宪宗，年号成化，明朝第八位皇帝，明英宗朱祁镇长子。

20. 汪直，广西瑶族人，明代权宦之一，开明代禁军掌于内臣之先河。

21. 商辂，明代首辅，时人称“我朝贤佐，商公第一”。

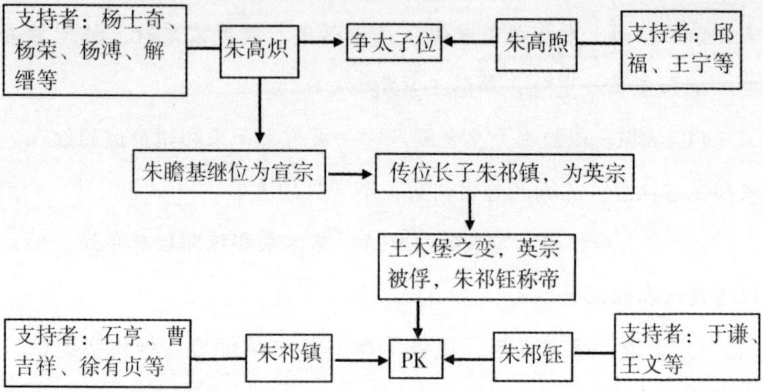

朱高炽祖孙三代关系图

第四章 皇帝爱玩，大臣争权

1. 正德继位，户部不给私房钱

公元1492年，是明孝宗朱祐樘改元“弘治”的第五个年头，这一年他才五个月的宝贝儿子朱厚燳以嫡长子的身份被立为“皇太子”，成为“国之重宝”。与其他帝王相比，弘治皇帝子嗣实在是太单薄了，与张皇后结婚四年，才生了这么一个儿子，当真是当成了命根子。虽然太祖爷爷朱元璋早就立下了“传位嫡长子”的规矩，但是前面的几位皇帝以“嫡长子”身份继位的还真没有。是长子的往往庶出，皇后生的又往往不是长子，朱高炽和朱瞻基父子两个都是皇帝的原配所出，可他们出生的时候，自己的老爸都还没有当上皇帝呢。如此说来，朱厚燳真是一个幸运儿，他从一出生仿佛就带着与众不同的色彩。

朱祐樘对这个儿子极为宠溺，养成了朱厚燳自由洒脱、放荡不羁的性格。朱厚燳天资聪颖，对繁复的宫廷礼仪一点就透，但是他很不喜欢这些繁琐的规矩，对教导他学习的老夫子们也没有多少敬意。他喜欢有趣的东西，哪怕危险一点也无妨，谁能顺着他的心意想出稀奇古怪的点子，就会得到他的厚赏。

弘治十八年（1505年）六月，深受敬重的孝宗朱祐樘驾崩，太子朱厚燳顺利登基，成为帝国新一代的领导者，年号正德。辅政的内阁大学士们没有研究过教育心理学，不知道这位虚龄也不过十五岁而且正处于叛逆期的少年皇帝到底是什么心思。他们只是毕恭毕敬地遵照先帝的嘱托，一心劝导他要这样做，不能那样做。

正德皇帝一开始还能像模像样地坚持上早朝，听听他们的絮叨。时间长了，少年皇帝逐渐厌倦这些枯燥无趣的政治生活。大学士们最初听到皇帝说要改变的时候，还满心欢喜地退下等待天子脱胎换骨，变成像先帝一样的"有道明君"；一次次希望落空之后，他们才明白皇帝口中的"改变"不过是说说罢了。

就这样一方每天忧心忡忡地看着皇帝在皇宫内苑玩得不亦乐乎，甚至有时候还会带着宦官化装出宫游乐，徒劳地上疏请皇帝悔过；另一方每天玩乐的同时还要忍受一大帮人喋喋不休的教训，不胜其烦。双方的矛盾随着时间的推移不断地加深。

正德元年（1506年）九月，户部尚书韩正拒绝了几个前来索要"盐引"的宦官的要求，得罪了严重缺钱的正德皇帝。户部掌控全国的疆土、田地、赋税、户籍、俸饷等一切财政事宜，是六部中极为重要的部门。虽说皇宫的开销有内库支撑，但是偶尔也会出现皇上没钱向户部伸手要钱的事情。

对于户部来说，一年的收入是有定额的，支出也都有各自的用途，不可能皇上一说缺钱，就马上向宫里送银子。他们想了个折中的办法，既不破坏户部的规矩，也不会驳了皇帝的面子——

那就是户部给宦官提供一定数量的“盐引”，让他们自己去把“盐引”变成银子，以补偿皇宫的用度。

“盐”是封建政权的财源，历来都由朝廷垄断经营，因为贩私盐而被杀头的人着实不少。明代的“纲盐制”规定，“盐引”是买卖和运输食盐的合法凭证，想要合法贩盐的商人必须先向政府取得“盐引”，然后凭“盐引”到盐场支盐，再到指定销盐区卖盐。说“盐引”是比银子更加值钱的东西，恐怕没有人反对。据说当时广陵的大盐商们富可敌国，每年投入到盐业市场的流动资金就达到白银三千万两。要知道，明王朝当时年平均国库收入也不过才白银一千万两。

户部私下里向皇宫提供“盐引”是一条不成文的规则，也是上不得台面的“潜规则”，户部肯合作就万事大吉，万一户部不合作，事情就很麻烦。

内阁、六部的官员与正德皇帝相处得并不愉快，就在上个月皇帝大婚之后，老夫子们最沉迷的经筵被暂时叫停了。说是“暂时”，其实谁都明白，一旦叫停，就再也开不起来了。所谓“经筵”是明朝皇帝的一项日常活动，君臣一起在文华殿讲经说道，其乐融融。当然了，一般情况下都是学识渊博的大学士们讲得眉飞色舞，年轻的皇帝听得昏昏欲睡。正德的父亲弘治皇帝算是例外，他一直很配合，每次经筵都正襟危坐，深得大臣们的称赞。正德皇帝对这项无聊的安排非常抵制，总是想方设法逃避。大臣们就以此断定正德不是个好学生，劝谏的奏疏雪片似的飞到他的桌案之上。正德连看都不看这些奏折，命人直接扔到垃圾桶。对于上疏骂他的人他也不苛责，直接无视，比对骂更让对方愤怒。

朱厚燳当时还没有意识到得罪了言官、内阁会惹得六部的官员怨声载道。他只知道自己喜欢的东西太多了，无论哪一项都离不开钱。况且他花钱大手大脚惯了，哪怕是对下人的赏赐也极为丰厚，很快就出现了手头紧、需要户部支援的情况。

正德这里为“财政危机”发愁的时候，马上就有知情识趣的宦官支招，告诉他宫中与户部历来就有通融盐引的“优良传统”。经过宦官的一番“科普”，正德得知原来成化帝当年心疼家奴，默许前往江南出差办理织造的宦官们去户部拨款时不要现银，用“盐引”代替，以便多得些收入。这一做法直到弘治初年还有。后来是成皇帝听了大臣的劝谏，才下令废止了这条生财的捷径。没关系，自己只要重启此例就是了。更令他高兴的是，这些不太识字的宦官们还清清楚楚地记着户部往年还欠着宫里12 000道“盐引”没给呢。

于是一个叫崔杲的宦官马上站出来说自己这就去江南督造龙衣，需要去户部请求拨款，希望皇上能下一道旨意，允许户部用“盐引”来替代现银。正德大笔一挥，“同意”！然后就坐在宫里等着有人送银子。如果崔杲真的把“盐引”拿到手，他也不愿意在继位的第二年就与那帮死倔死倔的老先生们撕破脸皮。谁知道当崔杲以筹措“督造龙衣”的经费为由到户部索要往年支剩下的12 000道“盐引”时，竟然遭到了户部的拒绝。户部尚书韩文还义正词严地拿出“祖宗家法”来说事，说 “祖制规定盐引的收入应该收归国家，用于军费开支，不能另作他用”云云。更为可气的是韩文还出具了正德登基诏书的“复印版”，说皇上去年曾亲自下令禁止宦官私领盐引。

谁都知道祖制规定了“盐引”应该怎么用，关键是前面早就有很多前辈成功地拿到了“盐引”换钱，怎么到了我这里就不行了？崔杲很气愤，回去原原本本地向正德报告。正德听了崔杲的汇报，更加愤怒：这个韩文简直就是该死，他难道不知道，那份登基诏书根本就不是自己写的，是内阁的刘健、谢迁、李东阳他们折腾出来的吗？

正德决定来个不认账，他驳回韩文的上疏，支持崔杲继续到户部催讨盐引。文官们这下可抓住机会了，都察院、六科、十三道的大小言官们纷纷上疏，要求皇上停止支持宦官向户部索要“盐引”。

看着密密麻麻的劝谏书，正德皇帝知道这是自己与文臣集团的第一次较量，一旦让步，以后就会被他们压一头，像父皇一样压抑、克制，他过不了那样的日子，必须与文臣们抗争到底。

刘瑾等新晋提拔上来的心腹宦官也都在他身边献计献策，说圣人都说“普天之下，莫非王土；率土之滨，莫非王臣”，您贵为天子，当然拥有至高无上的权力和地位。这些文官们如此不听话，您就应该拿出天子的威仪，让他们臣服。正德深以为然。

内阁的态度很强硬，拒绝撰写批准宦官领取盐引的敕书；正德的态度也很强硬，决不妥协。少年皇帝的考虑是做太子的时候，跟着你们上课，可以守你们的规矩；现在自己已经是一国之君了，就不能事事听从你们的号令，被你们牵着鼻子走。

在明朝中后期内阁的权力是很大的，虽然他们没有“宰相”的名分，实际权力比宰相只多不少，就连皇上发布旨意都需要通过内阁来拟旨才能生效，现在刘健、谢迁、李东阳他们拒不拟旨，朱厚照也无可奈何。

内阁的几位老先生在和皇帝比拼耐心，他们想看看小皇帝到底如何应对眼前的局势。正德没让老先生们失望，他应对的方法很简单，就是把大臣们认为不地道的宦官崔杲撤掉，换上另一个叫王瓒的宦官。这个主意给了文官们一个台阶，他们如果肯顺着台阶下去，接下来也许会相安无事。

文官们绝大多数都是满腹诗书，又在官场厮混了这么多年，哪一个不是人精？他们一眼就看穿了正德的想法，也做了一个看似让步的决定，让户部同意将宦官奏讨的盐引数量减半，给六千份，剩下的折成现银。按照他们的想法，这一半“盐引”是看皇帝的面子给的，皇帝接受这一方案的话就等于承认自己有错。如果朱厚照肯在此时息事宁人，事情也能画个不太圆满的句号。可惜朱厚照从来就不是委曲求全的性格，户部的决定一报上来，他就震怒了。

既然能给六千“盐引”，就说明你们承认确实有过拿“盐引”代替现银的惯例，自己之前让宦官去要盐引没有错。那么之前为什么不给呢？现在顶不住压力了，就讨价还价，给一半盐引一半现银。他坚持要给就给全额。

一方是高贵的孤独的天子，一方是抱团的执政的臣子。在这场权力争夺的天平上，谁轻谁重还真是不好判断。

李东阳是内阁三位重臣中比较好说话的一个，他意识到身为臣下与皇帝的关系闹僵。对帝国来说并不是什么好事。他在日讲的时候，心平气和地给皇帝讲解宦官拿到“盐引”的危害。朱厚照这回当了一个好学生，他认真地听李东阳讲宦官们会在拿到“盐引”之后私自买卖，中饱私囊，造成很不好的影响，宦官的名声不好，可能会影响天子的声誉。朱厚照说，既然害怕宦官中饱私囊，那就让相关部门调查私自买卖的宦官啊，这跟户部给不给“盐引”是两码事。李东阳一惊，自己差点被带偏了。他继续说监管的难度很大，不如从根本上断绝，根本就不给宦官犯错的机会。

这个解释并没有让正德心服口服，他反问李东阳："你凭什么肯定所有的宦官都是坏的？文官里面也有不少败类呢，我总不能就此认定文官没好人吧？"

李东阳不再说话，回去之后就写了一封辞呈。刘健和谢迁会意，他们三个的辞呈一起摆在正德面前。正德内心很想批准这三份辞职信，但是理智告诉他自己还年轻，帝国的运转不能少了这群老臣帮忙。在三位内阁大学士以辞职相胁之后，这件因为"盐引"引发的事件以正德让步告一段落。

一件本来无关痛痒的小事成了正德皇帝心中解不开的疙瘩。他通过这件事看清了很多东西，内心深处更加排斥文官，反倒是平时他不怎么放在心上的宦官成了他最好的伙伴。

2. 外臣不如内臣亲近

宦官是一个极为特殊的群体，历代王朝中总有那么一两个熬出头的宦官能占据史书的几页篇幅。或许是卑微得太久了，宦官们一日得志，往往会张狂到无以复加的地步。刘瑾是正德朝最为著名的宦官。他是陕西兴平人，本姓谈，因为刚入宫的时候认了一个姓刘的宦官做干爹，他才有了"刘瑾"这个名字。

来伺候太子之前，刘瑾已经在宫里打熬了多年，他有过短暂的得意，更有过长时间的失意。他深知自己只有好好抱住朱厚照的大腿，才能不声不响地向着偶像王振前辈的方向迈进。刘瑾服侍主子尽心尽力，百般逢迎，让朱厚照觉得这个比自己年长四十岁的老仆无一处不可心。

皇太子成了皇帝之后，刘瑾伺候得更加殷勤，他手中的权柄也越来越大。宫里和他一样想出头、又不乏聪明的宦官多了，有那么七八个人经常围在正德身边，于是就有了“八虎”的称号。他们是刘瑾、马永成、谷大用、张永、魏彬、邱聚、高凤、罗祥。

上一次的“盐引”事件表面上是了结了，但是正德和文臣们都清楚这场君臣之间的权力角逐才刚刚拉开序幕。

刘瑾等八人能从底层挣扎出头，每一位都有着极其丰富的斗争经验。尤其是刘瑾，不但识文断字，对财务税收这一块也有所了解。刘瑾向正德分析了自己的看法，说国库收入减少的原因只有两个，要么是文官们管理不善，要么是他们监守自盗、以权谋私。从这两个方面彻查，一方面能增加国库收入，另一方面只要抓住他们犯错的把柄，就能狠狠出一口“盐引”之事的恶气。退一万步说，即便没有达到这两个目的，敲打敲打文臣，让他们日后不要太嚣张，也不失为一步好棋。

得到正德皇帝的同意之后，以刘瑾为首的宦官开始对文官集团进行清查。做过亏心事的文官们都惴惴不安，他们不希望有人调查自己，也不愿意落下口实，成为正德打击报复的对象。俗话说“常在河边走，哪能不湿鞋”，文官们都明白，即便能证明自身是清廉的，但谁能保证偌大的家族中不会出现那么一两个“坑爹”的子侄呢？

经过“盐引”一案的集体上疏劝谏之后，文官们显然比以前团结多了。他们决定以攻为守，清君侧。文官们的算盘很高明，他们并不指摘正德的过错，只说“八虎”是“小人”，正德继位以来的种种不当行为都是他们唆使的，只要将“八虎”除去，皇帝一定能成为弘治一样的圣明天子。

达成共识之后，文官们开始上疏，请正德皇帝诛杀“八虎”。正德不愿意被文臣牵着鼻子走，故意将这些奏折“留中不发”。文官们看到正德迟迟不肯下决断，决定联名上书，向正德施加压力。户部尚书韩文在此刻挺身而出。原来韩文自知已经在“盐引”之事上得罪了皇帝，以后的仕途未必顺利，想着干脆再拼一次，至少能在同僚中搏一个“一心为国”的美名。

正德元年（1506年）十二月，一封由韩文领衔、李梦阳执笔、众人签名的奏折上呈给正德皇帝。当正德看到外廷那么多大臣联名上疏议论同一件事的时候，嗅到了一丝“山雨欲来”的味道。尽管此时他才十六岁，但从小就生活在皇宫之中，看到形形色色的阴谋、阳谋实在是太多了。这一次文臣集体弹劾“八虎”让他意识到父皇留下来的这帮大臣不仅仅是为了帮助自己执政这么简单，他们除“八虎”的目的是为了架空自己，从而达到控制朝政的目的。或许他们对大明帝国的热爱是真的，但对自己这个皇帝的爱戴未必是真的。

司礼监的王岳、范亨、徐智等人与内阁关系不错，正德为了保住刘瑾等人，就让王岳到内阁疏通关系，请几位大人高抬贵手，将刘瑾等人流放到南京也就算了。正德有所不知，王岳与“八虎”同为宦官，看到刘瑾等人受到皇上的宠信，势必会有一种危机感。万一哪天刘瑾要是看上自己司礼监掌印太监的职位，那该怎么办呢？倒不如趁外廷积极要求除“八虎”，来个里应外合，各得其所。

于是，经过王岳等人坚持不懈的努力，内阁的态度越发强硬，声称不将八个宦官处死，誓不罢休。正德一开始还不死心，王岳不行，又派别人，一波接一波地软语相告，把姿态放得极低，求情的使者竟然一天三拨。刘健烦不胜烦，到最后直接拍了桌子，说先帝驾崩之前，将皇上托付给自己，现在陵土未干，皇上就被奸邪小人教唆，自己简直没脸去见先帝，所以这次无论如何都要除去“八虎”。

他们已经准备了两套计划，一是拟好奏章，准备第二天就上呈皇帝，请他务必同意处死“八虎”；二是连夜就派人杀死“八虎”，来个先斩后奏。内阁的信心来自内廷王岳等人的配合，他们认定内外互为援引，一定能够得偿所愿。

这时，文官集团内部出现了一个叫焦芳的人。年过古稀的焦芳绝对是朝中的老人，他在天顺八年（1464年）就中了进士，此时已经居吏部尚书的高位。可是焦尚书也是“要求进步”的人，前面有内阁的三位顾命大臣挡道，他与“位极人臣”四个字总是保持着一段距离。他与内阁首辅刘健的年龄只相差一岁，地位却差得不是一点半点。多年前焦芳被人举荐进入吏部的时候，刘健还曾批评过那几个推荐人，说焦芳这个人不是良善之辈。为此，焦芳与刘健之间结下了梁子。刘瑾早就看准了这点，利用焦、刘之间的矛盾，与焦芳结成了隐秘的联盟。

对于焦芳来说，刘瑾等人被除去之后，内阁的权势会越来越大，自己的处境也将愈加艰难，“告密”成为他唯一的选择。内阁将除“八虎”的奏章拟好之后，焦芳第一时间就把这条消息传递到宫里。刘健、谢迁们摩拳擦掌，还等着看“八虎”人头落地呢，没想到内部出了“叛徒”，早就将他们的计划泄露出去了。

“八虎”得到消息，一时懵住了。他们自从跟定朱厚燳之后一直顺风顺水，哪里想过会有人要置他们于死地。八个中老年宦官来到正德面前跪地痛哭，他们不想死。朱厚燳贪玩归贪玩，但他也是个念旧的人，看到伺候自己多年的人被逼到这个份儿上，也有点于心不忍。再想到内阁几位老臣如此不通情理，他真的动怒了。

“同行是冤家”，这句话果然不错。刘瑾等人成功赚取了正德的同情之后，趁热打铁编排起王岳的不是。明明是内阁大佬要对自己一党斩尽杀绝，刘瑾却更记恨同为宦官的王岳。他们告诉正德，祖宗说“内官不得与外廷交结，违者死”，现在王岳以内官的身份支持朝臣针对内官的打压，一定有所图谋。

正德对王岳等人结交外廷的行为也很不满，奈何王岳身为司礼监掌印太监，乃是宦官中最有实权的人，不能轻易罢其职。刘瑾又进言，朝臣们这次为什么肆无忌惮地对付咱们，还不是因为宫内宫外的关键位置上都没有自己人？您要是真想保护我们，就得改变这一现状。

刘瑾的建议可算是说到正德心里去了，关键位置没有自己人掌控就会事事受阻。别看“八虎”平日里仗着自己的宠信作威作福，但他们毕竟身份低微，遇到大事谁都不能独当一面。刘瑾再嚣张也不过是钟鼓司的掌印太监，一个掌管上朝钟鼓的宦官能有什么实权？想通这一点，正德开始解决宫内的隐患。

明朝的政治体制相对完善，皇帝的旨意没有经过内阁的同意是没有法律效力的。不过这一限制对内廷来说并不生效。正德即刻下旨，将司礼监太监王岳、范亨、徐智发配到南京，充入由犯罪的太监组成的净军；与此同时，擢升刘瑾入主司礼监、邱聚接管东厂、谷大用提督西厂、张永协助分管京营军机事务，“八虎”均被安插到大内和禁军的重要位置。这些变化只发生在一夜之间，以刘健为首的内阁官僚们浑然不知。

第二天早朝，当刘健等人昂首入朝，准备将“八虎”绳之以法的时候，愕然发现平时总是站在皇上身边的司礼监掌印太监王岳不见踪影，取而代之的是刘瑾别有深意的笑脸。刘瑾高声宣读了小皇帝昨夜的安排，其他人还好说，刘健、谢迁、李东阳三位阁老却尴尬至极。本以为这次能剪除皇帝的羽翼，没想到反被人家打了个措手不及。三个人同朝为官多年，彼此心意相通，知道此事已经无法下台了，不如像上次解决“盐引”事件一样以退为进，集体辞职。

三位大学士当堂提出辞职，在朝堂引起轩然大波。绝大多数的文臣都极力劝阻，说三位大人乃国之梁柱，缺一不可。正德皇帝却一反上次的态度，玩起了现场办公，他知道三人不能都走，必须留下一个以确保帝国政务的正常运转，而刘健和谢迁是此次除“八虎”的主谋，可以放走；吏部尚书焦芳通过“告密”立下大功，不妨趁此机会充入内阁，以制衡李东阳。仔细想了一通后，正德颁布了自己继位之后的第一次重大人事安排：批准刘健、谢迁告老还乡，升李东阳为内阁首辅，拉拢焦芳入阁。

一场本应该轰轰烈烈的政坛风暴就这么轻描淡写地结束了。

年轻的正德在紧锣密鼓的朝堂斗争中迅速成长起来。面对内阁三老的集体辞职，他没有了最初的惊慌失措，表现出前所未有的冷静和从容，不仅愉快地批准了其中两位阁臣的辞职，还留下一个李东阳成为文臣们眼中的“斯文败类”，好让他们的目光不再总盯着自己。正德一朝也因了这次政变改变了前进的方向，文官们不再像弘治朝那样喜欢当家；宦官们也成为一股新的政治力量改变了朝堂现有的格局；更重要的是正德自己因此事完成了一次蜕变，从一个稀里糊涂沉迷享乐的少年皇帝蜕变成为一个清醒地看着内官与外臣斗争，自己却躲起来看热闹的一国之君。

正德二年（1507年）三月，因除“八虎”引发的政治风暴由威风八面的司礼监掌印太监刘瑾出面宣布结束。他命群臣候在皇宫外面的金水桥上，听自己宣布朝廷“奸党”的名单——凡是上榜之人，皆是曾积极参与除“八虎”事件的“元凶”。这份由胜利者敲定的名单，包括内阁大学士二人、尚书四人、宦官三人、言官四十一人、六部官员六人，不可谓不壮观。

文臣们每听到一个昔日同僚或上司的名字，就心中一颤。内阁首辅刘健和次辅谢迁本来已经被批准退休了，现在被重新削职为民；户部尚书韩文平日喜欢“哭穷”，他受到的惩罚就是罚俸一千五百石（相当于韩尚书的十年俸禄），直罚得尚书大人倾家荡产；执笔除“八虎”奏疏的大才子李梦阳因官职低微，被找了个借口贬到山西，其后半生历尽坎坷。至于文官们不太关心的宦官王岳、范亨也没有逃脱，他们在去往南京的路上就被秘密处死，根本没有机会看一眼南京的风景。

所有得罪过“八虎”的人都没能逃脱被贬谪的命运，即便看似升官的李东阳日子也不好过。他已经失去了明朝士大夫最为看重的“气节”，被同僚视为与“八虎”、焦芳同流合污的小人。尽管李东阳后来暗中保护了很多人不受刘瑾的迫害，但他的名声无论如何也回不到最初的高度了。这一次胜利，让刘瑾在三年的时间内成为最有权势的太监。

3. 坐山观臣斗也是一门学问

刘瑾的前半生并不很顺利，他足足用了三十年的时间才由一个低等宦官升为掌管宫廷伎乐的主管——教坊司使。弘治元年，刘瑾精心安排了一场伎乐表演，作为对新天子登基的“献礼”。偏偏一个叫马文升的都御使看不惯这些轻歌曼舞的调调，说新皇登基应该简朴持重，不能被声色迷惑，应该杀刘瑾以警戒群臣。还是弘治皇帝比较厚道，免了刘瑾的死罪，把他打发到茂陵去为先帝看守皇陵了。直到皇太子朱厚照到了出阁读书的年纪，刘瑾才看到了回宫的希望。

那一年，朱厚照七岁，弘治皇帝为自己唯一的儿子精心挑选了刘健、谢迁、李东阳这样的馆阁重臣做老师，还准备增加数名内宦作为近侍来伺候太子。刘瑾抓住机会，拿出自己大半生的积蓄买通了管事的宦官，这才有了接近朱厚照的机会。谁也没有想到七岁的太子会和年近半百的刘瑾看对眼。

正德元年（1506年），发生了那场政坛风暴之后，刘瑾取代王岳成为司礼监掌印太监，负责奏折“批红”这道最为重要的程序。与此同时，正德皇帝无心理政，总是寻觅更刺激有趣的游戏；内阁首辅李东阳以文人自居，不肯彻底放下身段与刘瑾为伍，又不得不依附这位权势滔天的宦官，是以总是置身于不尴不尬的境地，难以挥洒自如；反倒是焦芳虽然年过七旬，一颗争强好胜之心不输任何人。他凭借押宝一般的告密得以进入内阁，虽然身份是次辅，但因为交好刘瑾，日子倒比首辅李东阳过得滋润。尤其是焦芳入阁之后不但继续兼任吏部尚书一职，还把昔日的助手吏部左侍郎王鏊也提拔上来，所以内阁之中谁说了算显而易见。

焦芳以前被刘健、谢迁等人弹压着，虽然做到吏部尚书的位置，也总有郁郁不得志的感觉。现在他处在刘瑾一人之下，万人之上，自我感觉良好。据说焦芳每次看到刘瑾，都以“千岁”相称，自称“门下”。

刘瑾的权势越来越大，与正德的放权脱不开干系。上一次的政坛风暴过去之后，正德并没有顺势打理手中的江山，而是当起了甩手掌柜，将王朝的军政大权交到自己最为信任的宦官手里。在正德的纵容之下，刘瑾成为明王朝的“立皇帝”——除了没有坐在龙椅上办公之外，他的一切做派都与皇帝无异。

刚刚走上前台的刘瑾并没有马上表现出一般人想象中的“小人得志”，他不遗余力地反贪、反腐、打压权贵，俨然改革家的风范。客观地说，刘瑾对户部、吏部乃至兵部的改革的确有些亮点。

他刻意拔高宦官的地位，将各地镇守太监提到与巡抚同级，有权监管各地的一切军政要务；他大力反腐，不但彻查官僚中的贪污腐败现象，对宦官们捞钱的猫腻也一一点出，断了很多人的财路；他发现科举考试中总是南方举子占了多数，就限制南方的录取比例，防止朝中门生、故旧扎堆，结成私党；为了增加国库收入，他清查田亩、军屯、盐政、漕粮、皇庄等隐瞒收入的重灾区；值得一提的是，刘瑾还命令寡妇再嫁，不必为了冰冷的牌坊凄苦终生……

领导着大明改革的刘瑾不自觉地变成了一个独裁者，他不喜欢听到任何反对的声音，他对所有阻碍自己改革的人毫不留情。犯罪的官员们心惊胆战，办案的官员们也都如履薄冰，生怕出一点纰漏就被“刘皇帝”惩治。就连曾经与他平级的马永成、谷大用、张永等“八虎”成员也开始对他心生怨念。

焦芳有一个不学无术的儿子叫黄中，看到老爹在朝中很吃得开，就想过过做状元的瘾。科举考试的状元三年才出一个，含金量是相当高的，哪能随便就许给某人呢。焦芳宠爱儿子，就去找首辅李东阳，请他务必给黄中内定一个廷试的第一名。黄中的文采确实不行，李东阳又不好意思扫了焦芳的面子，就说把二甲第一名的位子留给他吧，一甲前三名确实不好弄。焦芳又找到刘瑾，希望刘谨能卖给自己这个人情。刘瑾亲自出题测试焦黄中，发现此子的确不是读书的料，他找来焦芳，好言安慰说自己已经试过黄中的文才了，确实不堪一提，李东阳肯许你们焦家一个二甲第一名已经很为难了。焦芳这才停止对李东阳的诋毁，但心里总是觉得别扭。

对于焦芳和李东阳的矛盾，刘瑾总是不置可否。在他眼里，焦芳有用，李东阳也有用，他不会为了一个“真小人”得罪这个门生众多的“伪君子”。刘瑾在进行政治改革、打击贪腐的同时，并不耽误往自己口袋里捞钱。他的政策是对外不对内的，他的学识、眼界和能力都没有达到相应的高度，真正如范仲淹、王安石一般的改革他也做不出来。他对文臣当中结党营私的现象十分看重，一经发现，立刻用雷霆手段将其瓦解。可是这一过程中他也看到了结党营私的好处——拉下水的人越多，自己的船就越安全。于是刘瑾一只手在前面打压什么，另一只手就在背后复制什么。他对内阁次辅焦芳的姿态非常满意，觉得这样的人才“识时务”。焦芳不喜欢的人，刘瑾也乐得做顺水人情，时不时地敲打一番。

五朝元老马文升曾是焦芳的上司，此人脾气耿直，十分看不上焦芳欺下媚上的手段。刘瑾专权之后，马文升因为瞧不上这个宦官与小人的组合，接连上了二十一道奏折，乞求致仕，正德看到马文升确实老迈，就同意了他的辞呈。焦芳却在马文升辞官回乡的第二年，指使言官上疏，说老马为官多年，门生故旧遍天下，有结党之嫌，理应查办。刘瑾想到自己在弘治元年因编排歌舞被贬去守灵也是拜马文升所赐，当然很配合地派人去查。查案的人都是玲珑剔透的心肠，一面是如日中天的“千岁”，一面是已经退休的“老朽”，不用查就得出结论：马文升果然“结党谋私”。已经八十五岁的马文升听到这个消息，忧愤而死。

已经去职被削为平民的前内阁元老刘健、谢迁，前户部尚书韩文等人与刘瑾之间的罅隙并不明显，与焦芳倒是颇有旧怨。焦芳欲除之而后快，刘瑾也想进一步清理朝野上下反对自己的力量，起到“杀一儆百”的作用。

刘健是先帝托孤的重臣，是正德的老师，从弘治十一年起就担任内阁首辅，年高德劭。他为人比较谨慎，几乎没有留下可以指摘的污点，刘瑾无处下手。刘瑾刚开始涉政，还不屑与做那些指鹿为马、栽赃陷害的事情。刘健这才逃过一劫，活到了嘉靖二十年，享年九十四岁。

谢迁是浙江余姚人，出身世家大族，其祖上是大名鼎鼎的“东山会稽谢氏家族”。谢迁退休之后就没有刘健这么好命了。

他的弟弟谢迪和儿子谢丕也都在朝为官，这就给了刘瑾、焦芳报复的机会。谢迁辞职没多久，他在兵部做主事的弟弟谢迪被寻了一个由头罢官了；他在翰林院做编修的儿子谢丕则完全是受到自己的牵连，被削职为民。同为余姚人的周礼、徐子元、许龙等人因为与谢迁同乡，竟然也遭到牵连。在焦芳和刘瑾看来，同乡即同党，既然这几位官员是余姚人，而且都是谢迁在任时提拔上来的，肯定是一党无异。只有把他们铲除殆尽，才能彻底根除谢迁在朝廷的影响力。李东阳虽然极力周旋，也没能保住这些人的官职。

前兵部尚书刘大夏，在弘治一朝也算是风云人物，他能与王恕、马文升并称“弘治三君子”，足见此君的能力和品行都非同一般。刘大夏在任时比较务实，做了不少平定叛乱、清理兵饷、改革军事等容易得罪人的事情。

右都御使刘宇总督宣府、大同、山西军务，因为私下里贩卖战马贿赂权贵，遭到刘大夏的弹劾。刘宇为了自保，就通过焦芳向刘瑾示好。当时刘瑾刚刚开始受贿，胃口还没有养刁，几百两银子到手就很高兴了。刘宇为了让刘瑾加深印象，一出手就是上万两银子，刘瑾喜不自胜，立刻就许给他一个吏部尚书的高职。

焦芳与刘瑾收了钱之后，认为刘大夏太不听话，尽早除掉才是。他们给刘大夏找了几个罪名，就对他实行了抄家、下狱、流放充军“三部曲”。一开始刘大夏被流放到广西戍边，焦芳却对刘瑾说刘大夏是湖南人，流放到广西等于送他回家。于是刘瑾大笔一挥，将流放广西改成了发配肃州，就这样刘大夏在年过七旬之时，再次回到他曾经工作过的大西北。

曾任文渊阁大学士的彭华也是焦芳联合刘瑾打击的对象。彭华是江西安福人，正统十三年的状元，内阁首辅彭时的族弟，出身好、起点高，平时未免有些目中无人。焦芳刚刚考中进士，将要进入翰林院的时候，彭华曾经提出过反对意见。焦芳年轻时也很光棍，他怕不能做翰林，就当众宣扬，如果我当不上翰林学士，就一定是彭华在背后算计，如果真如此，我就会在长安道上刺杀你！如此高调地说要刺杀朝廷命官，没有人相信焦芳真会这么做。但他的宣言又警告了彭华不要搞小动作，彭华果然不敢再阻拦。

焦芳对刘瑾说，宋朝就说“南人不可为相”，这句话太有道理了。你看朝中的小人如谢迁、周礼、彭华之流都是南方人，不把他们制服，我们在朝堂上就会有很多阻力。刘瑾是西北人，焦芳是河南人，两个人认为拉拢北方人、排挤南方人不失为一条壮大自身、打击异己的捷径。

对于焦芳来说，依靠刘瑾能呼风唤雨，名声差点也无所谓。对于刘瑾来说，焦芳这个人听话、配合，比那些臭脾气的文臣好用多了。两个人各取所需，倒也合作愉快。直到一个更为年轻、有能力的“第三者”——张彩出现，刘瑾和焦芳的关系才开始恶化。

张彩是陕西西安人，弘治二年的二甲进士，仪表非凡，文思敏捷还能言善辩，是刘瑾最为倚重的智囊。别看他与刘瑾是同乡，能傍上刘瑾是经过焦芳的引荐。刘瑾掌权之后，名声在外，很多有点能力又没有其他门路快速升官的人就把依附刘瑾当成升官、发财、实现人生理想的捷径。刘瑾上台之后，只是吏部主事的张彩认为自己的机会来了。他自知人微言轻，没有资格到刘瑾面前毛遂自荐，只好通过向吏部的大老板焦芳表忠心，婉转地达

文渊阁位于故宫东华门内文华殿后，仿浙江宁波范氏天一阁而建。乾隆四十一年（1776年）建成后，皇帝每年在此举行经筵活动

到结识刘瑾的目的。

得到刘瑾的赏识之后，张彩的能力凸显，隐然有了赶超焦芳之势。当焦芳告密有功，一脚踏入内阁之后，张彩就成为吏部的当家人。朝中，焦芳是阁老，是吏部尚书张彩的上司；私下，两个人都是刘瑾的盟友和智囊团成员。张彩除了年龄不如焦芳大之外，处处都超过焦芳，两个人不时就上演一出“争宠”的戏码。既然得到了刘瑾的赏识，张彩对焦芳的态度也逐渐傲慢起来，有时候还会在刘瑾面前刻意诋毁对方。

焦芳有一名部下叫段炅，非常擅长奉承巴结这样的技术活儿，很得焦芳喜欢。段炅发现张彩在刘瑾面前更加得宠之后，就转而巴结张彩，顺便把焦芳曾经背着刘瑾做过什么都和盘托出。刘瑾得知焦芳的作为之后很生气，找了个借口，将焦芳父子双双赶出了朝廷。事情就是这么凑巧，焦芳回老家没过多久，刘瑾集团倒塌，曾经的阉党都遭到了清算，张彩就陪着刘瑾共赴黄泉了，只有焦芳父子因为提前被刘瑾一脚踢开，反而幸免于难。为此，编写《明史》的清人都感叹焦芳父子竟然能得善终，这需要多大的运气啊！

我们都知道蝉是经历四年黑暗的地下生活，才有一个月阳光里的高歌。一代权阉刘瑾的命运与蝉颇有点相似之处。他生命的前五十年都是卑微低贱的，最后的五年却一飞冲天，直接站在了大明舞台最耀眼的地方。

只要是表演就总会有谢幕的一天，不过刘瑾不是自己主动谢幕的，他是被自己人生生拽下舞台的。

正德五年（1510年）四月，明朝宗室安化王朱寘鐇看到刘瑾清理军田，使得西北驻军怨声载道，决定趁此机会发动政变。他的祖上是朱元璋的第十六子庆靖王朱㮵，也算是凤子龙孙。朱寘鐇利用士兵的不满情绪发动叛乱，妄图杀到北京，代替朱厚照打理大明的江山。他祭出了“除刘瑾”的旗号，以证明自己不是犯上作乱，而是以藩王的身份帮助皇上清理身边的佞臣。按照朱寘鐇的计划，只要自己振臂一呼，天下兵马就会纷纷响应。现实远比他想象中残酷，他的队伍刚拉起十八天就被宁夏一个叫仇钺的游击将军给灭了，自己也被人家生擒活捉。

三边总制杨一清和监军张永是在前来平叛的路上听到安化王被生擒的消息的。既然主凶都落网了，平叛的军队也就没有往西走的必要了，他们调转马头往回走，一边走，一边敲定了刘瑾的命运。

杨一清是三朝元老，弘治年间一直总督三边防务，属于军中实力派。张永是“八虎”之一，正德上台之后他接管京城军务，实力也不容小觑。一般来说，以正人君子自居的文臣都不屑与宦官来往，所以杨一清与张永除了公务上的来往之外，还真没有什么私交。可是这一次平叛把两个人联系到一起。

刘瑾专权之后，表面上无孔不入，实际上也破绽百出。正德三年就有人向皇宫投了一封匿名信，列举了刘瑾种种罪状。虽然这件事被正德弹压了，却也说明朝中有一股力量在和刘瑾对抗。也是，刘健、谢迁、韩文、刘大夏等人哪一个不是为官几十年，他们的门生故旧加起来绝对是一股惊人的势力，只是在刘瑾的强势之下，暂时蛰伏而已。安化王的叛乱让反对刘瑾的人看到了机会。不用说，三边总制杨一清就是“倒刘”派的一员虎将。

张永虽然和刘瑾同在“八虎”之列，但那只是昔日的叫法了。刘瑾成为司礼监掌印太监，和焦芳结成同盟之后，身份地位远远超出张永等人。一个“倒刘”、一个“恨刘”，共同语言就有了。两个人经过一番密谋，决定回京之后借献俘的机会向正德进言，铲除刘瑾。对正德描述刘瑾这些年如何恶贯满盈是张永的事，杨一清负责准备人证和物证。

表面上，正德将大权交给刘瑾，自己在豹房胡天胡地，其实他心里对朝堂之上发生的事情还是比较清楚的。本以为借刘瑾之手能好好地管教这帮文臣，让他们变得驯服一些，看来刘瑾还是功力不够，反倒被人家抓住了把柄。张永呈上来的安化王谋反的“檄文”打到了刘瑾的“七寸”，另外那六只“老虎”看到张永的控诉有效，也都跪下来哭诉刘瑾这几年如何飞扬跋扈，如何欺压自己。正德一一听着，不发表任何意见。

最终还是杨一清的重大发现让正德下定决心放弃刘瑾。原来刘瑾家里竟然私藏甲胄、兵器，甚至还私刻了国玺，这些东西都是谋反的“标配”。不过正德并没有前去参观的兴趣，他并不相信刘瑾有谋反之心。刘瑾必须死去，定什么罪名已经不重要了。在正德的默许之下，刘瑾被凌迟处死，他生前的所有荣耀随着谋反的罪名一笔勾销了。刘瑾一去，皇帝、宦官、文臣的三角关系就不复存在了。

4. 当喜文的朝臣遇上好武的皇帝

刘瑾死后，空出的司礼监掌印太监的位子由“八虎”之一的魏彬替补上来。至于内阁，还是离不开李东阳这位首辅大人。经历了与刘健、谢迁这样的君子搭班，与焦芳、王鏊这样的小人为伍，李东阳已经变得十分圆滑了。他与皇帝的关系比较融洽，与宦官相处也比较客气，至于更为庞大的文官队伍，心里看不起他的人有，敢明目张胆地唱反调的人几乎没有，因为整个士大夫阶层的清誉还需要首辅大人的保全。

此时，文官们在刘瑾几年的重压之下老实了许多，宦官有刘瑾的前车之鉴，也不敢有什么过分之举，正德皇帝没事就住在紫禁城外的豹房行宫听曲儿，实在闲得慌的时候也看看前朝的奏折，帝国貌似进入一段平静期。

平静只是表面上的，实际上在大明的国土上，土匪、强盗和义军从来就不曾真正平息。正德六年（1511年）爆发了一百年来规模最大的一次“流民暴动”。这一次暴动在极短的时间就聚集了上万人，他们杀官、开仓、抢粮、劫富济贫甚至攻打州县、焚烧漕粮，造成了极其恶劣的影响。沿途还有很多流民纷纷加入，使得这支“官逼民反”的队伍愈加壮大，竟然在河北山东等地纵横驰骋，如入无人之境。

在豹房玩乐的正德也不得不停下手头的一切消遣，正视这场暴动。他命令京营的禁军出来剿匪，可是禁军一没有作战经验，二没有进行过有效的军事训练，战斗力竟不如仓促间组合到一起的流民队伍。看着国库的银子流水似的花出去，平叛却没有任何效果，正德的心情很是糟糕。可那些平时喜欢指点江山的文人此时都不肯出来发言了，他们说“术业有专攻”，军事上的事情还得兵部拿主意。

兵部右侍郎陆完只好贡献了一个自认为不太可行的主意。他说禁军战斗力弱是事实，但我大明不是没有好男儿，比方说边军因为常年与外敌战斗经验丰富，随便调出哪一支队伍都能将这群乌合之众打得落花流水。不过边军都是一个萝卜一个坑，他们的主要职责是保卫大明的领土完整、边疆安全，再说边军不入内。

正德听了这个主意，眼前一亮。是啊，我大明有所向披靡的边军，为什么不能在危急时刻召他们回来帮着国家平定叛乱呢？像宣府、辽东距离京城都不算很远，完全可以支援京营的。眼下不过是一句“没有先例”限制了边军的调动，这有何难？正德以大明天子的名义下令，调拨部分边军护卫京畿，镇压叛军。

两年之后，各地叛军在边军的“剿杀”之下相继覆灭。这场持续了两年多的剿匪战争让正德找到了新的乐趣。他欣喜地发现与真正的战争相比，小时候骑马打猎，和一群宦官、卫兵玩“官兵抓土匪”的游戏都太小儿科了，他向往边关的军旅生活，向往着做一名威武的大将军亲自上阵为国杀敌！

锦衣卫指挥使钱宁为正德物色了一个新的玩伴——江彬，使得正德对军伍生涯更加向往。江彬是在平叛过程中得到钱宁赏识的，据说他是宣府的一名低级武官，异常彪悍。在平叛的时候，江彬曾被叛军一箭射入面部，他根本不当回事，反手拔箭然后继续战斗。这样的事迹让正德听得血脉偾张，视江彬为大英雄。

耳朵里听着江彬讲述的壮美边关，心里想象着自己沙场点兵的雄姿英发，正德巡视边廷的愿望日益强烈。他曾和江彬讨论为什么京营禁军的战斗力会和边军有这么大的距离，怎么做才能缩小这种差距？江彬说好办，只要把禁军和边军互调就行了，让禁军到边关体验外有强敌环伺的紧迫感，战斗力一定会上来的。正德大赞这个主意出得好，不过具体操作起来需要斟酌。将边军和禁军完全互换是不可能的，但是少量的互调没什么问题。在不影响边军整体防御能力的情况下，提升禁军的战斗力确实很有必要。

正德深思熟虑之后，把这个想法抛出来在朝堂之上公开讨论。文臣们没有注意到正德此时已经准备做秦皇汉武一样的雄主了，只要他们能肯定皇上的想法，他就会非常认真地朝着用武功雄霸天下的方向努力。可惜的是，内阁被文官把持得太久了，他们的思维早就习惯了文人治国的状态，压根不希望国君变成一个崇尚武力的“独夫”。

首辅李东阳率先反对，态度之激烈超出了正德的想象。在他的印象当中，李先生一向是温文儒雅的，即便被刘瑾和焦芳联手“欺负”的时候也不曾失去仪态，为什么听说自己要将边军和禁军互调会如此激动？李东阳的反对态度得到了六部官员们的附和，他们力陈禁军没有实际战斗的经验，放到边关与送死无异。万一蒙古等部落突然寇边，拿什么来保证边关的牢固？再说边军性子野，如果放任他们来京，隔三差五就出点乱子，该如何惩治？既然两军互调会有这么多的麻烦，还是不换的好。看到正德心意已决，李东阳干脆祭出杀手锏——内阁拒绝起草调动军队的命令。

没有内阁出具的命令，兵部就无法调兵，这是规矩。偏偏正德是个不喜欢按规矩做事的人，他看到内阁如此抵制自己的命令，干脆绕过内阁和兵部，直接向军队发号施令，赌一把军方敢不敢和皇帝直接接触。正德赌赢了。边军也想提高自己的地位，拉近与皇帝的距离。既然皇帝都敢绕过内阁和兵部抛出橄榄枝，边军为何不接呢？正德八年（1513年）二月，果然有三千边军奉命从宣府来到北京，驻扎在正德豹房行宫的边上。从边军到来的那一刻起，正德将所有的精力都放到操练、排兵布阵上。

于是李东阳第三次向正德提出了辞职的申请。第一次辞职还是他和老同事刘健、谢迁一起为了逼迫小皇帝答应不去户部讨要“盐引”的时候呢。转眼间八年过去了，曾经的少年天子已经成为二十多岁的青年。李东阳不确定正德会不会顺势让自己卷铺盖回家，但他别无选择。还好，正德全身心地投入到军事演习当中，对李东阳的辞职不置可否。李东阳只好战战兢兢地回到内阁，站好自己人生的最后一班岗。

三千边军每天都在宫外操练，烟尘滚滚、战马嘶鸣。文臣们对此情景见怪不怪，已经懒得再就此事上疏与皇帝理论。正德看到时机差不多了，就跑到宣府建了将军府，直接上阵体验边塞生活。尽管文臣们一封接一封的劝谏信快马送来，正德只当没看见，他满心期望一场真正的战斗。不久，蒙古部最有军事天分的“小王子”带着五万骑兵来犯应州，他不知道大明天子就驻守在边关，只想和往常一样打个秋风，抢劫财物后扬长而去。“小王子”遭遇大明天子，一场史书上只记载寥寥数语的战争打响了。一方统帅是经常骚扰大明的部落中出镜率极高的蒙古王子，另一方则是养在深宫未曾有过一次实地作战经验的军事爱好者朱厚照。两相对比，没有人相信第一次上战场的朱厚照会取得胜利，哪怕双方的兵力相当。

事实证明朱厚照确实拥有军事天分，他不但能运筹帷幄之中，还能亲自上阵杀敌，丝毫不畏惧。文臣们拒绝承认“应州大捷”，也不肯在史书中记录正德的赫赫战功。朱厚照就说其实是一位叫“朱寿”的大将军领军有方，我军才取得大捷。他建议封朱寿大将军为“镇国公”，年薪五千石。君臣之间你进我退、你退我追的拉锯战成为一种常态。其间，李东阳自忖跟不上皇帝的思路，再次请退，正德半推半就同意了。大名鼎鼎的杨廷和继任，成为新的内阁首辅。正德还是皇太子的时候，杨廷和就曾担任他的老师。关于杨廷和的为人，他的前辈李东阳曾经这样评价：“我对于诗文，多有一日之长，如果是安邦济民的大事，还须倚重介夫啊！”

正德十三年（1518年）二月，成化帝的皇后王氏去世，举国哀悼。正德作为太皇太后的亲孙子，应该按照礼部的安排，毕恭毕敬地将太皇太后送入皇陵。可是这场葬礼实在是太隆重了，正德不由得想起自己登基的时候就如同现在一样像一只任人摆弄的

明军用的火炮

猴子。他到达昌平皇陵时，不堪忍受这些繁琐的礼仪，跑到朵颜卫喝酒去了。大明向来以“礼仪之邦”自居，皇上更应该是天下的表率。内阁、六部、六科给事中、十三道监察御史谁都不能无视皇上的失礼举动，一封封奏疏直接就砸到了御案跟前。其中状元舒芬的一封《隆圣孝以答人心书》影响颇大，文章动之以情，晓之以理，简直是听者伤心，闻者落泪。奈何感动了天下人的奏疏，正德却完全免疫。士大夫们以舒芬为榜样，将一场普通的劝谏酝酿成为集体事件，甚至给内阁施加压力，希望杨廷和能挺身而出，逼迫正德道歉。

正德只好用“生病”来逃避这场因“孝”引起的口诛笔伐。“养病”期间，只有内阁大学士有资格代表群臣前去探望。杨廷和利用这个机会得到了正德的信任。

有了杨廷和这样的能臣在中枢“值班”，正德的心更野了。他总是寻找各种借口外出，一走就是几个月。与清朝帝王的“下江南”大为不同，他的足迹频频落在西部边塞。西北苦寒，随正德一起出去的士兵有冻死的、有逃跑的，但他却一直坚持下来，用脚步丈量了自己的国土。

正德巡边期间，杨廷和配合比较默契。他每隔几天就把重要的奏报整理出来，用快马传递给皇帝；正德也显示了自己勤政的一面，有什么指示也用快马送回来。君臣二人的关系经过了上次的集体劝谏事件之后，再一次进入较为融洽的状态，直到正德提出南巡，矛盾再次激化。

年长的文臣们看正德总有一种“恨铁不成钢”的心态。正德继位以来的所作所为与他们心目中的好皇帝弘治相差太远。正德皇帝简直就是一个“祸害”，走到哪里，就祸害哪里。他们不敢说，只好拼命劝阻。怎么劝阻才能让被劝的人听进去是一门学问。南方是大明朝的赋税重地，国库能否充盈就指望着这块风水宝地了。如果正德到了南方之后胡作非为，影响了税收，那损失就太大了。但这话不能明说，总不能跟皇帝说求您了，别去祸害南方了，您要是在那儿搞点什么名堂，咱们满朝臣子都吃什么、喝什么呀？所以文臣们就开始动脑子，想着怎么说话才能让皇帝自动放弃到南方巡视的想法。

正好前几年发生过“流民暴动”，还有一些残兵败将没收拾完。他们告诉皇帝南方不安全，刘六、刘七那样的“流民首领”还在江西等省份流窜作案，万一他们要是起了歹心，皇上就会陷入危险的境地。为了加深正德对南方的恐惧，他们还把宁王意图谋反的事情捅了出来。本来宁王朱宸濠已经下了很大的本钱送礼，各部官员家里基本上都能看到一两件来自江西宁王的礼物。据说锦衣卫指挥使钱宁和内阁首辅杨廷和也都被宁王用重金收买，希望他们不要在正德面前提起自己正在南方笼络官员、广觅贤才的事。

大臣忘了正德虽然不喜欢理政，可他的胆量并不小，不然也就没有应州大战“小王子”和千里巡边的事了。正德听到群臣说宁王准备造反，果然眉开眼笑，说自己正好可以去平叛。

以内阁首辅杨廷和、礼部尚书毛澄为首的上书请愿丝毫不起作用，群臣也预料到奏折再多也不能阻挡皇帝南巡的脚步。他们决定换一种方式——跪谏，只要皇帝不打消南巡的念头，他们就一直跪着不起来。下跪到底不是什么光荣的使命，所以一开始还是有些品级比较低的官员在上班期间不办公，到豹房外面的空地上跪着请愿。正德每次都是打发几个宦官出来，劝他们回去好好工作。官位低的臣子胆子也大，他们不怕被免职，只在乎能不能在天下读书人中搏一个“直谏”的美名。所以每次皇帝派出的宦官出来，他们都会抓住机会说话，希望自己的只言片语能传到皇上的耳朵里去。为了加深宦官的印象，他们往往语不惊人死不休。这个说“南方有反贼活跃，皇上以身犯险，是对国家和百姓不负责任”，那个说“皇上一意孤行，将来都不知道自己怎么死的”。

听到宦官们的转述，正德心里窝火。一旁伺候的江彬就说不用理会这些沽名钓誉之辈，您越是惩罚他们，他们就会越得意。正德想想果然是这个道理，他吩咐锦衣卫，将带头下跪的官员们关进诏狱，剩下的一百多人罚跪五天，跪完之后还要每人“赏”三十廷杖。

本以为不用自己出马就能成功的大佬们坐不住了，手底下能办事的入狱的入狱、罚跪的罚跪，那还得了？他们纷纷出面求情。求情的结果是他们也被正德塞进罚跪的行列。一时间，整个京城的办公系统瘫痪，所有排得上号的官员们跪在豹房之外受罚。其中有被正德罚跪的，有因为求情被牵连的，更多的是自愿加入的，好像不加入罚跪的队伍就会“脱离群众”变成异类。

五天之后，连北京的市民和商人也被惊动了。百姓加入声讨的行列让正德感受到了巨大的压力，他决定妥协，以免成为触犯众怒的“无道昏君”。

应该说这一次的君臣对峙，没有谁是真正的赢家。文臣集团只能说是惨胜，虽然皇帝停止了南下的脚步，但是他们集体被罚跪、被廷杖，还折损了一些身体素质较差的人（廷杖被打死）；正德皇帝虽然动用了刑罚，但他的南巡计划被迫搁浅，心情依然郁闷。

两个月之后，宁王朱宸濠真的造反了，正德没能大显神威，亲自扫平叛乱。就在他出京不久，能干的赣南巡抚王守仁已经平叛成功。正德出京的心情顿时低落，他乘船去了繁华的扬州，并没有得到当地官府的热情接待；他去南京过了新年，祭拜了朱元璋的孝陵；返京途中，他还去了三边总制杨一清的家中，与之促膝长谈。杨一清告诉他，一个三十岁没有子嗣的皇帝不应该这样一意孤行，如果众臣联起手来，另立新君不是不可能。听了杨一清的劝告，正德的眉头拧得更紧了。

跟杨一清告别之后，正德匆匆回京。途中不慎溺水，虽然没有性命之虞，身体却垮了。回京之后，他就一病不起。

正德十六年（1521年）三月十三日，年仅三十岁的朱厚照英年早逝，还没来得及留下一点皇室血脉。他生前所有与文臣集团的对抗、对祖制的反抗都烟消云散。他远在湖北安陆的堂弟朱厚熜即将启程，开启不一样的嘉庆时代。

本章主要登场人物：

1. 朱祐樘，明孝宗，明朝第九位皇帝，在位期间励精图治，史称“弘治中兴”。

2. 朱厚照，明武宗，明朝第十位皇帝，年号正德。小事荒唐，大事不糊涂，死于豹房。

3. 韩文，明代中期大臣，因得罪刘瑾而被迫致仕，刘瑾被诛后官复原职。

4. 刘健，明朝中期名臣、内阁首辅。因建议皇帝诛杀刘瑾等宦官，被列为“奸党”之首，削籍为民。刘瑾被诛后复官。

5. 李东阳，明代中期内阁首辅，政治上没有鲜明主张，与宦官、士林都没有正面冲突。

6. 谢迁，内阁辅臣，因反对刘瑾被贬。刘瑾伏诛后，朝廷允许其官复原职，不受。

7. 刘瑾，正德年间最著名的权宦，曾任司礼监掌印太监，权倾朝野，被凌迟处死。

8. 谷大用，明代权宦之一，提督西厂。

9. 焦芳，明代阁臣，与刘瑾过从甚密，为人不齿。

10. 马文升，五朝元老，与王恕、刘大夏合称“弘治三君子”。

11. 刘大夏，“弘治三君子”之一，不肯阿谀刘瑾，遭到焦芳、刘瑾等人的报复。

12. 彭华，内阁大学士，善于揭人之短，遭到焦芳、刘瑾联手打击。

13. 张彩，文采好，能言善辩，得刘瑾赏识、重用，升吏部尚书。

14. 朱宸濠，明朝藩王，正德年间发起叛乱。

15. 钱宁，正德年间锦衣卫指挥使，因私通宁王朱宸濠被逮捕抄家，嘉靖继位后，将其磔杀于市。

16. 江彬，明朝边将，曾与外族作战，受到武宗宠幸，赐姓朱。武宗死后，江彬被抄家处死。

17. 小王子，鞑靼部落的主要首领，明朝人称之为小王子，多次率军犯明朝边境。

18. 舒芬，明代经学家，正德十二年状元。

19. 杨廷和，明代政治家，内阁首辅。武宗死后，拥立朱厚熜继位。

20. 朱宸濠，宁王，正德年间谋反被诛。

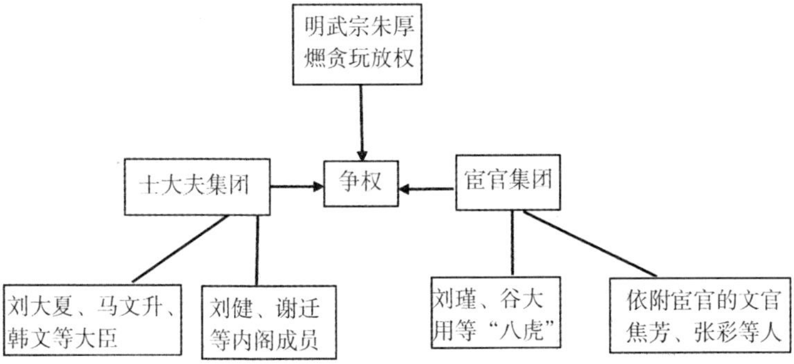

正德年间士大夫与宦官斗争关系图

第五章　旁支继位带来的麻烦事儿

1. 意味深长的入宫路线之争

朱厚照一生宠幸过的美女不少，还与一位刘良女留下了《游龙戏凤》的故事传唱成戏文，可惜的是直到他去世前夕，成群的妻妾都没能诞下一位皇子。正德本人就是弘治皇帝朱祐樘唯一的骨血，他死之后，孝宗一脉就此断绝。按照皇室内部"兄终弟及"的即位原则，必须要从皇室宗族中找一个与朱厚照血缘关系最近的子弟来继承皇位。

弘治皇帝朱祐樘排行老三，封地在湖广安陆州的兴王朱祐杬排行老四，是弘治皇帝同父异母的弟弟。正德十四年（1519年），朱祐杬去世，他的儿子朱厚熜承袭了爵位，成为新一任兴王，不管是从血缘上还是辈分上讲朱厚熜都十分适合。正德去世（1521年）之后，朱厚熜接到皇太后和内阁首辅杨廷和联手发出的诏书，从安陆赶到北京，准备进城继承皇位。

正德皇帝是三月十三日过世的，迎接朱厚熜的人马于三月十五日启程，前往湖广安陆州。接驾的人员由杨廷和精心安排，其中有定国公徐光祚、寿宁侯张鹤龄、驸马都尉崔元、大学士梁储、礼部尚书毛澄以及宦官谷大用等人。一行人马用了足足十一天的时间，才于三月二十六日抵达安陆，见到了虚龄十五岁的兴王朱厚熜。其实谷大用是提前快马加鞭到达安陆州的，他的目的是早一点拜见朱厚熜，然后告知其一些基本的宫廷礼仪。可是朱厚熜根本就不接受谷大用的私下拜访，说等定国公等人到了一起见面。这群人第一次见识到少年朱厚熜谨慎的一面。

四月二十二日，朱厚熜进京的仪仗队经过连日奔波之后，终于到达了京郊良乡。稍事休整，然后进宫。朱厚熜到达之前，杨廷和一直以内阁首辅的身份摄理朝政，在他的授意下，礼部尚书毛澄提出应该以皇太子的仪式迎接朱厚熜。这一建议在朝堂上得到了一致通过。

杨廷和费尽心思要拿捏朱厚熜，一来是报答弘治和正德皇帝的知遇之恩；二来是他作为整个文官集团的代表，要在新皇帝面前树立一个强硬的形象，以便在今后的朝堂之上能占据主动；还有一个原因不太好启齿，那就是杨廷和看不惯一个小地方的藩王突然间就鸿运当头做了皇帝，想给新皇帝一个下马威，如果新皇登基后能老实一点，内阁的权柄就能大很多。所以他才会想到让朱厚熜从东安门入宫的险招，明摆着就是欺负他年幼不懂事。只要朱厚熜一个疏忽，从东安门入了宫，就等于承认自己是弘治皇帝继子的身份。

毛澄就是当初带头阻拦正德南巡的那位先生，他是首辅杨廷和坚定的政治同盟。通常杨廷和要有什么动作，都会有几个人打前站。如果动作比较大的话，那些品级比较低的言官就要退在一旁，看毛尚书大显身手。

京城商讨完毕之后，旨意很快就传到了良乡。朱厚熜的随从和京城前来迎驾的官员们得到了具体进宫路线指示——请殿下从东安门入宫，到文华殿暂住，然后参加新皇的登基大典。

对于普通人来说，从哪里进宫、到哪里住下都是细枝末节，只要坐稳了皇位，整个天下都是自己的。可是对于朱厚熜这样的皇族来说，越是细枝末节，越不能马虎。虽然他才是个十五岁的孩子，但是他的心思却比一般的孩子细腻得多。

没等随从们有所表示，朱厚熜当即出言反对。他说东安门入皇宫行的是太子应当遵循的礼仪。自己是正德皇帝的堂弟而非弘治皇帝的继子，不应该行太子礼。皇太后下发的懿旨说请自己按照兄终弟及的顺序来继承皇位，没有说过要把自己过继给已故的弘治皇帝。现在杨廷和弄这一出东安门入宫是何居心？朱厚熜明确表态，自己只能以皇帝的身份从紫禁城的大明门入宫，到奉天殿完成登基大典；否则就打道回府，回安陆继续做自己的藩王，这个皇帝他不做了。

消息反馈到紫禁城，杨廷和傻眼了。当他得知朱厚熜的车队停在良乡不肯往前走一步并随时准备返回安陆州时，明白新来的皇帝恐怕不是很好伺候。

朱厚熜远不是杨廷和想象中的软弱模样。这位少年藩王虽然从来没有进过北京，没有见识过京城的大场面，但他的内心并不怯懦，摸准了整个王朝正在等自己即位的心态，坚决不肯妥协。

他坚持自己是按照《皇明祖训》的规矩合法继承皇位的，只能用皇帝的仪仗入宫，正大光明地接任皇位。况且他接到的遗诏中明明白白地写着：“皇考孝康敬皇帝亲弟兴献王次子，聪明仁孝，德器夙成，伦序当立，已遵奉祖训兄终弟及之文，告于宗庙，请于慈寿皇太后，与内外文武群臣合谋同词，即日遣官迎取来京，嗣皇帝位。”什么叫“嗣皇帝位”呢？就是说正德皇帝请我来替他当皇帝，而不是给弘治皇帝当儿子的。

朱厚熜与杨廷和还未谋面，两人之间就展开了第一轮的较量。“国不可一日无君”，正德都驾崩半个多月了，新皇帝还不紧不慢地耗着，杨廷和这个内阁首辅难辞其咎。原本张太后默认了杨廷和的做法，也有对朱厚熜的敲打之意，但是君臣僵持起来也不是长久之计，于是本打算作壁上观的皇太后不得不强力介入此事。张太后命令群臣向朱厚熜妥协，同意在大明门迎接朱厚熜。在奉天殿外，朱厚熜还是没有正式登基的皇帝，行过大礼，朱厚熜就是正儿八经的明朝第十一代皇帝了，庙号“世宗”，年号“嘉靖”。

据说，当时群臣为朱厚熜拟定了“明良”“绍治”“嘉靖”三个年号供他选择。杨廷和还特意提醒朱厚熜群臣都很中意“绍治”这个年号。“绍治”两个字体现的是对弘治时代的怀念，即有让朱厚熜继承弘治的事业继承弘治的血脉的意思。朱厚熜的主意很正，他从来不肯被别人牵着鼻子走，在年号这等大事的选择上更是如此。他知道群臣并不喜欢堂兄朱厚照的乖张之举，他们更为欣赏的是自己的伯父弘治皇帝所表现出来的克己复礼。最终，他选择了自己更为中意的“嘉靖”两字，表达了自己在有生之年绝不会是一个俯首帖耳的“乖皇帝”。

入宫路线的争论算是告一段落，年号的确立也顺从了朱厚熜的意思，少年老成的朱厚熜用看似莽撞的“打道回府”将了杨廷和一军，取得了小小的胜利。有了这两次打交道的经验，杨廷和开始重视这位年轻的皇帝。在他的印象中，朱厚熜谨慎、小心，还有些城府，但他毕竟只是一个十五岁的少年，心机再深沉能比得过在朝堂浸淫数十年的老臣？而且杨廷和的准备工作做得很充分，他用毛澄这位重量级的盟友打头阵，后面还跟随着六十多位文武大臣附议。有资格上朝奏事的官员都收到这样一句警告："谁要是对这封奏折有异议，谁就是奸邪小人。"礼部尚书毛澄用一份奏折拉开了皇帝与文臣的争斗序幕，时间是嘉靖开始上朝理政的第六天。嘉靖皇帝在位四十五年，期间君臣斗争频繁而又漫长。与后来的斗争相比，入宫之前的路线问题只能算是正式比赛之前的热身。

毛澄的折子写得很长，他引经据典，讲述了汉朝的定陶王（汉哀帝）和宋朝的濮王（宋英宗）如何以外藩身份继承皇位的先例，说这两位"前辈"都是由小宗入继大宗，都是需要以先帝为"皇考"，称呼自己亲生父母为"皇叔""皇叔母"，祭祀的时候也以"侄皇帝"自称。至于亲生父母那边，有弟弟的话，就让他袭爵，没有弟弟的话，等到自己的第二个儿子出世，也可以代替自己侍奉父母。毛澄的奏折不是为了给朱厚熜普及历史知识，而是告诉他汉哀帝和宋英宗就是你的榜样，你们的出身、际遇相似，你也应该和他们一样以先皇为尊。

这份奏折对朱厚熜来说就是一封挑战书，代表群臣对皇帝权威的挑战。嘉靖刚刚坐上皇位，对江山、治下的百姓、手下的大臣以及朝堂的环境都不甚熟悉，起初他想用和平的方法来解决这个问题。

嘉靖知道群臣背后站着的那个人就是杨廷和，以自己目前的力量还不足以与这位四朝元老、内阁首辅相抗衡。他试图缓和与杨廷和的关系，可是在为兴王改封号一事上，杨廷和表现得非常霸道，一点通融的余地都没有；他又试图从毛澄那里打开缺口，十五岁的少年皇甚至派太监到毛澄家里送黄金，希望他能在杨廷和面前为自己的父亲美言几句。毛澄不忍拒绝皇帝的要求，只好退了一步，说将来嘉靖的第二个儿子可以继承兴王的衣钵。杨廷和与毛澄都没有接受嘉靖的主动示好，激起了少年帝王的好胜之心。他不介意以一己之力对抗整个不肯合作的文官集团。为了表明自己的态度，朱厚熜不但不肯认同毛澄的意见，还刻意挑起与群臣的矛盾——他让大臣商量给自己的亲生父亲朱祐杬上一个什么样的尊号合适。

朱厚熜的理由是：你们能拿已经死了好几百年的汉哀帝和宋英宗来说事，我为什么不可以用本朝开国皇帝朱元璋的先例来做援引？太祖皇帝能给自己赤贫的父亲一个皇帝的尊号，把他的牌位供奉在太庙中，享受子孙的祭祀，我为什么不能给自己的父亲一个皇帝的名号呢？

杨廷和进言，太祖皇帝可以，你不可以。如果正德皇帝有儿子或者弘治皇帝有两个儿子的话，你根本就没有继承皇位的机会，所以你无法与太祖相提并论。鉴于陛下目前的境况，确实只有汉哀帝和宋英宗的先例可以参考。你们都是从小宗入大宗的，既然接受孝宗一脉的皇位，就有延续一脉骨血的义务。

嘉靖那叫一个郁闷。做了皇帝连自己的亲爹亲妈都不能认了，这样的皇帝当着有什么意思？可他自小在安陆长大，没有享受过为储君标配的豪华讲师团队，没有当世大儒、内阁大学士等人为他讲授“四书五经”“为君之道”，他的心机和城府都来自对自己出身的自卑和对外人的防备，囿于年龄和学识的限制，他真的不知道该怎么对付杨廷和这样老练圆滑的四朝老臣。

“锦上添花”总是没有“雪中送炭”显得情意深重。如果有人能在朱厚熜最为彷徨无助的时候伸出援手，一定能够得到丰厚的回报。朱厚熜在等待，等待一个敢于挑战杨廷和权威的人出现。

2. 急皇帝之所急才有出头之日

七月初一，敢为朱厚熜出头、反对当朝第一人杨廷和的猛人终于出现了。他叫张璁，是这一年的新科进士，二甲七十多名，在众多应试者中是不太起眼的存在。因为成绩不太出众，张璁没有机会成为庶吉士，基本上也就断绝了成为翰林然后入阁的可能。他被安排到礼部做了一名实习生，顶头上司就是带头上疏规劝嘉靖认弘治皇帝为“皇考”的毛澄。以一个实习生的身份反对自己的顶头上司，张璁的勇气可嘉。

张璁，浙江温州府永嘉人，少年时就博学多才，志向远大。他尤其喜欢研究各种礼仪之学，《周礼》《仪礼》《礼记》等都烂熟于心。可惜明朝的科举只考八股，不考礼仪，张璁满肚子的周礼之说无从发挥，连着考了七次进士都榜上无名。明朝的科举考试基本上三年一次，连考七次就说明已经在考场上蹉跎了二十一年的时间。

当他在嘉靖登基之后中进士时，已经是年近半百的中老年人士了。张璁看到自己礼部的同事们都在忙着为尚书大人摇旗呐喊，狂热地支持嘉靖过继给已故的弘治皇帝当儿子时，发现自己的机会到了。运气好的话，他能得到嘉靖的信赖，一飞冲天；运气不好也不要紧，顶多被礼部打发到其他部门实习罢了。张璁对眼前的局势看得很清楚，同僚们对嘉靖到底认谁当亲爹并不感兴趣，他们只是在附和当朝首辅杨廷和的意思——想在这里混下去，宁可得罪皇上，不要得罪杨大人。张璁却在想另外一个道理——光脚的不怕穿鞋的，自己一个四十七岁才中进士的人与杨廷和那种从小就是“神童”的人没法比，按照常理走下去，就是一辈子在人家面前唯唯诺诺。如果这一次能不走寻常路，从帮助嘉靖落实亲爹问题入手，说不定就能飞黄腾达。

从内心来讲，张璁也不想与强大的杨阁老作对，可是自己只是一个小小的礼部观礼生，根本就没有机会得到杨阁老的赏识。他只能赌，赌自己这么多年在礼仪上的研究能得到嘉靖皇帝的另眼相看。他认定年过花甲的杨阁老已经日薄西山，年轻的嘉靖皇帝以后的好日子还长着呢。于是，他上疏就嘉靖面临的实际问题阐述了自己的看法。张璁的文章作得花团锦簇，将杨廷和一方的观点逐一进行了批驳，引经据典只为了证明一件事——嘉靖皇帝想认谁做亲爹是他的自由，别人无权干涉。他建议嘉靖可以先在北京单独建一座兴献王庙（嘉靖的父亲朱祐杬受封兴王，谥号献王，所以也称“兴献王”），作为权宜之计。

嘉靖看到张璁的奏折之后大喜。这份高兴甚至超过了他前几个月听到让自己到京城继承皇位时的激动。嘉靖一遍又一遍地翻看张璁的奏折，对其中的几句话尤其感兴趣：“圣考只生陛下一人，利天下而为人后，恐子无自绝其父母之义。故在陛下谓入继祖后，而不废其尊亲则可；谓为人后，以自绝其亲则不可。夫统与嗣不同，非必父死子立也。”可以说，张璁在对的时间做了对的事，嘉靖没有理由不高看他一眼。这个礼部默默无闻的实习生在皇帝最需要的时候做出了“雪中送炭”的明智之举。

君臣二人还未见面，仅凭一封奏折就互相引为知己。嘉靖想重用这个关键时刻肯站在自己一方的士子，张璁想实现自己入阁拜相的梦想。只是他们高估了自己的力量，也低估了杨廷和的能量。接下来的现实让未及弱冠立足未稳的皇帝和年近半百一事无成的低级官吏清楚地意识到自己的对手究竟强大到了什么地步。

嘉靖被首辅大人压制了好几个月，实在憋屈。他命令宦官将张璁的奏折拿给杨廷和看。杨廷和的反应出乎嘉靖的预料，首辅大人看似漫不经心地说了一句：“张璁是个什么东西？朝堂上的事情轮得到他一个小小的礼部实习生插嘴吗？”

如果说张璁的地位低、没有话语权也就罢了；可是皇帝地位不可谓不高，怎么说出来的话还是没人听？嘉靖痛苦地领悟到朝中有权臣，会极大地减少身为皇帝的幸福感。杨廷和的态度一亮出来，六科给事中、监察御史们纷纷上书，一起弹劾一个他们根本就没有放在心上的陌生底层官员。

有道是“债多了不愁”，一个原本卑微的礼部观礼生突然受到如此的重视，被这么多人一起弹劾，张璁感觉自己提前享受到了万众瞩目的重臣的待遇。能被言官们集体讨伐，至少证明了一点，他的奏折生效了，已经让“欺负”皇帝的那帮人害怕了。张璁打起精神，马上起草了第二封奏疏。

这份奏疏是上一份的“加强版”，针对性和攻击性更强了。

张璁从“继统不继嗣”入手，详细论证了嘉靖的皇位之合理合法，没有改换亲爹的必要。很多人看了这份奏折，发现张璁的文章写得头头是道，貌似很有道理。杨廷和到底也没能把朝堂经营成铁板一块，与他貌合神离的人一直都有，只是时机未到，不愿意暴露罢了。

杨廷和的人也曾试图阻止张璁的奏折递上去，但是张璁已经抱定了破釜沉舟的决心，根本不怕得罪内阁，他绕过内阁直接将奏折送进了通政司。此折引起了轩然大波，功效堪比正德年间状元舒芬的《隆圣孝以答人心书》——最主要的劝谏对象无动于衷，旁观者们反倒一个个义愤填膺。礼部侍郎王瓒、前三边总制杨一清、一代宗师王守仁等看到张璁的奏折之后，一致认为很有道理，杨廷和逼着皇帝不认亲爹的举动确实有点过分了。

杨一清、王守仁这样的重量级大佬当时并不在京，他们只是在各自的任上口头表达了对张璁的支持，对整件事没有出手干预。倒是杨廷和这边看到舆论改变了风向，主动退让了一步，允许嘉靖称自己的生父为“兴献帝”，生母为“兴献后”。尽管还缺少一个“皇”字没能让嘉靖称心如意，倒也算是嘉靖一方取得了小小的胜利。至此，嘉靖意识到为自己的父亲正名是一个与杨廷和争权的过程，只能一步一步来，不可能一蹴而就。这对君臣各退一步，关系稍稍缓和，在中间努力“搅和”的张璁成了杨廷和的泄愤点。

身为内阁首辅，朝中人事调整的问题本不属于杨廷和操劳的范畴。可是这一次，杨廷和却插手了好几个人的仕途——礼部实习生张璁得到他的重点“关照”，在最短的时间被调离北京，到南京担任刑部主事；云南巡抚何孟春上疏支持杨廷和的做法，被从边远地区调到京城，担任吏部侍郎；本已离职的御史林俊也被重新启用，委以工部尚书的重任。这些不动声色的人事变化就是对嘉靖最好的回答。

张璁本来满指望得到皇帝另眼相看，没想到杨大人的手指轻轻一抬，就让自己远离了权力中心，基本上断绝了上升的希望。张璁觉得自己的境遇已经坏的不能再坏了，也就省略了自艾自怜的过程，以图东山再起。

京城，嘉靖与杨廷和之间客气而又疏离地周旋着。张璁去了南京之后，终于有第二个人肯帮着嘉靖说话了，这位是当时的兵科给事中，他写了一封奏折弹劾杨廷和，说首辅放着正德皇帝身边的奸佞钱宁、江彬等人不去处理，反倒有闲心干预皇帝的生身父母称号问题，这算不算“渎职”呢?

杨廷和在正德年间就升任内阁首辅，一直被人逢迎惯了，哪里受得了有人用这样的语气质问。他看到嘉靖用质疑的眼光等待自己的解释，感觉受到了侮辱，干脆拿辞职来说事。

元老大臣历来就有拿辞职来威胁皇上的传统，杨廷和不是第一人，也不是最后一人。一般情况下，提出辞职的人事先都会思前想后，再三确认自己的位置举足轻重，才会采取行动。皇帝也会考虑到一时半会儿还找不到合适的人接手，多数情况下都会认栽，所以这种威胁很有用。嘉靖就是考虑到自己初来乍到就要把首辅赶走，名声势必受损，不得不出言挽留，至于那位勇敢的兵部给事中则被下了诏狱。

帮自己说话的人下了诏狱，处处为难自己的人却把持朝政，嘉靖这个皇帝做得屈辱极了。他对杨廷和的怨念与日俱增。再说张璁到了南京之后也没有闲着，他通过私下接触发现了不少与自己一样支持嘉靖或者反对杨廷和的人。支持皇帝与反对首辅是两件事，但这两件事恰好都与张璁的未来息息相关，所以他将这两类人都视为盟友。很快一个叫桂萼的同事就成为他密友。

桂萼与张璁的共同点就是在仕途上不得志。他虽然比张璁早十年中进士，但是官运实在一般，嘉靖登基的时候还在南京刑部主事的位置上打转。两个人的工作都很轻松，人一闲下来，脑子就开始琢磨事儿。张璁和桂萼想得最多的就是怎么样才能在官场中更上一层楼。他们商量来商量去，发现只有为皇帝分忧解难，才有可能离开南京，到北京的政治舞台上大显身手。

嘉靖二年（1523年）十一月，张璁告知桂萼可以旧事重提了。桂萼的仕途虽然曲折了一点，但他还是不敢这么快就和首辅作对。等到他听张璁说出了一个强有力的盟友名字之后，终于不再犹豫，跟张璁一起上疏，支持嘉靖给自己的生父朱佑杬皇帝的尊号。

给了张璁等人底气的名字是四朝元老——杨一清。正德年间他就是三边总制，在朝中的影响力很大。现在有了六十九岁的老臣杨一清的声援，张璁认为自己找到了靠山。

由南京刑部的两位从六品官员提起重新议礼的事情，对杨廷和来说简直就是挑衅。六品闲官对上当朝首辅，怎么看都像是蚂蚁撼大象，实在看不出胜算。即便方献夫、霍韬、黄宗明这些名字都出现在张璁和桂萼的联名奏折上，也不能增加多少分量。

北京，杨廷和与嘉靖的矛盾一直没能解决。虽然杨廷和答应了嘉靖的亲生父母可以使用“兴献帝”和“兴献后”的尊号，但是嘉靖并不满足，他的最终目的是为父母争取前面有二十一个字的完整尊号。君臣之间的矛盾无从调和，又出了张璁等人的上疏，让杨廷和很是郁闷。他一改往日的姿态，直接对嘉靖说自己要告老还乡，不想理会朝堂之上的纷争了。杨廷和的态度是诚恳的，对官场的厌倦也不似作伪，这就让嘉靖有一种拳头打在棉花上的感觉。好不容易找到了趁手的“兵刃”，对手却说他不玩了。

经过一年多的对峙，嘉靖在斗争中迅速成长起来。他对大臣动辄辞职的威胁有了免疫力，不再像最初那样惶恐不安。他懒得去分辨这些辞呈中有多少是真心想致仕，有多少是以退为进的手段。他只坚持一个原则，对自己还有用的人不能放走，已经失去利用价值的就随他去吧。杨廷和走了，不等于张璁的好日子来了。杨廷和的势力并没有受到影响，他的班底都还在朝中，他的儿子杨慎也不负众望，已经成长为新一代臣子的领军人物。他大可以放心回家，观看儿子带领群臣继续与嘉靖在鸡毛蒜皮的小事上扯皮。双方都清楚，为了一个尊号根本不值得如此大费周章地争来争去，说到底都是“权力”在作怪。

3. 在“大礼仪之争”中火中取栗

朝臣中已经因为议礼之争自动划分为两个阵营，支持嘉靖认生父做“皇考”的以张璁、桂萼为首，都是些不得志的低级官僚，他们被后人称为“议礼派”；支持嘉靖认弘治皇帝为“皇考”的人占大多数，他们早先以杨廷和为首领，杨廷和退休之后，就聚集在杨慎周围，后人称之为“护礼派”。两派之间并非泾渭分明，除了骨干分子之外，其他的人随时做好了当“墙头草”的准备，哪边风大就往哪边倒。

嘉靖二年（1523年）张璁和桂萼的奏折在京城引起骚动；嘉靖三年（1524年），二人得到皇帝的召唤，在万众瞩目之下入京，他们要代表“议礼派”与杨廷和的旧日班底辩论，为朱祐杬的尊号问题画上圆满的句号。在他们进京的路上，杨廷和一派已经退让了一步，允许嘉靖称呼自己的生父为“皇帝”了，但这个称号前面还有一个定语“本生”，将兴献王和弘治皇帝区分开来。嘉靖也决定退让一步，让张璁和桂萼原路返回，不用到京城帮自己“骂战”了。

接到打道回府的消息时，张璁和桂萼已经到了安徽凤阳。站在大明开国皇帝朱元璋的故土上，两个人心情澎湃，不甘心放弃入京的机会。对他们来说，奉旨入京是一个千载难逢的时机，如果这次没有抓住，下一次说不好就是猴年马月的事情了。功夫不负有心人，“兴献皇帝”前面的“本生”两个字给了他们继续进京的动力。他们一面回禀嘉靖，这两个字要不得，是群臣在跟您玩文字游戏，一面快马加鞭赶往京城，幻想着自己就是千里救驾的国之英雄。

嘉靖经过张璁等人的提醒，意识到自己差点中了缓兵之计。他准许张璁、桂萼继续入京，等待两位神交已久的栋梁之才做自己的左膀右臂。嘉靖三年（1524年）五月，张璁和桂萼一进京就被授予了翰林学士的官职。两个进士考试时分别中了二甲和三甲的考生说不出地兴奋，翰林的身份给了他们进入内阁的资格。他们坚信道理站在自己这边，杨廷和等人不让皇上认亲爹本来就不是正理，他们不惧任何形式的辩论。只要帮皇帝搞定这件事，以后进入内阁指日可待。

杨廷和辞职之后，内阁的另外两位阁臣蒋冕和毛纪准备大事化小，息事宁人。以杨廷和的儿子杨慎为首的青年翰林学士们却不肯善罢甘休。在他们眼中，杨廷和是一心为国的忠厚长者，张璁和桂萼不过是两个阿谀奉承的无耻小人罢了。他们根本就不关心双方争论的主题是什么，就是单纯地要为杨公出口气，好好打击这两个小人的嚣张气焰。

他们打击的范围很大，从两个人的出身、人品、官职、学识等多个方面入手，将对手批得体无完肤。“一个二甲七十几名的进士出身、一个三甲的同进士出身有什么资格做翰林学士？我们杨慎杨大才子可是货真价实的一甲第一名——状元公。”

“原来是两个小门小户出来的寒士，竟敢挑战整个士林的权威。”

“南京六部走出来的废柴，你们能胜任北京的工作吗？”

……

唇枪舌战，张璁是不怕的，这种小儿科的人身攻击对他根本不起作用。杨慎看出来了，张璁就是一块“滚刀肉”，不给他来点狠的，他就会蹬鼻子上脸。“要么不做，要么做绝”，既然骂战不能伤到张璁的精神，那就从肉体上消灭他吧。

前内阁首辅的公子、写出“滚滚长江东逝水”这样千古绝唱的杨慎竟然想到了一个非常大胆的办法——打死张璁，以绝后患。杨慎的杀人计划当中，凶手、时间、地点的安排都很奇特。他不想买凶杀人，而是准备亲自动手；他杀人的地点也不是幽僻的小巷或者山野之地，而是皇宫大内；杀人的时间不是月黑风高的晚上，而是青天白日之下。

杨慎并非高分低能之辈，他在皇宫杀人也是再三思量之后作出的决定。他选择的击杀地点在左顺门。这是个很特殊的地方。明朝的左顺门就是今天的协和门，位于紫禁城外朝中路、太和门东侧。正统年间，宦官王振的三个同党被一群大臣揪住打死，地点就是左顺门。因为死的是小人，参与打人的大臣们都没有被追究责任。七十多年过去，这里演变为大臣打死奸邪小人的固定场所，连刑部对此地发生的打死人事件也保持沉默。所以左顺门的特殊就在于在这里打死人不用偿命，被打死的人还都是公认的奸诈小人，死了白死。

左顺门的地点选择得很好，参与伏击张璁的人手准备得也很充分，可是杨慎却忽略了一个最不该忽略的问题——张璁具体的进宫时间还没有确定。一群文官不可能每天都蹲守在左顺门外等一个小小的张璁，当左等右等也没有发现目标，他们激情退却，失去了耐性。张璁是幸运的，他的伙伴桂萼就没有这样的好命了。被一群翰林学士在后面追赶，桂萼毫无风度地抱头鼠窜，一直跑到了武定侯郭勋的府邸，再也没人敢追上去了。

郭勋的老祖宗是明朝的开国功臣郭英。当初朱元璋玩兔死狗烹的把戏时，郭英因为低调逃过一劫，还把爵位世袭给了自己的子孙。老郭家的子孙也确实争气，到了郭勋这一代仍然手握重权，朝廷的禁军就掌握在郭勋手中。老郭家一百多年的积淀可不是杨慎这样的官二代能挑战的，所以张璁和桂萼算是找到了一个极好的盾牌。

郭勋之所以敢收留朝臣都不喜欢的张璁和桂萼也自有他的考

虑。在郭勋看来，杨廷和已经退位了，老臣与新君的博弈中，嘉靖很有可能是最后的胜利者。他要讨好嘉靖，还要不动声色地讨好，就得从保护嘉靖重视的人才入手。伺候好嘉靖，自己的家族也许还能绵延一百年的富贵，这是郭勋的算盘。

张璁入宫之后，详细地向嘉靖阐述了自己对于礼仪的认识，并就兴献王的尊号问题发表了重要的意见。嘉靖接受了张璁的建议，决定将加诸父亲尊号前面的“本生”两个字去掉，引起杨慎为首的“护礼派”的强烈反对。嘉靖宣布完这一决定就回宫了。打不到张璁和桂萼，嘉靖又躲在深宫不出来，这让杨慎等人非常愤懑。他们决定集体到左顺门请愿，迫使嘉靖出来见上一面。

情绪是会传染的，当你身边的人都在发怒的时候，谁要是一脸喜庆甚至平心静气都会成为大家的公敌。杨慎成功地调动起大家的情绪之后，振臂一呼：“国家养士百五十年，仗义死节，正在近日！”

这句话实在是太强大，太有煽动力了！说得年轻一些的官员们热血沸腾，以为青史留名的机会到了。也有些老成持重的人觉得不妥，想要退出，但是晚了，因为杨慎又说了一句话：“谁不去，众人将共击之。”话都说到这个份儿上了，谁还敢不去？

就这样，情愿的、不情愿的“护礼派”大臣迅速集结了二百多人来到左顺门跪谏。这群跪谏的官员阵容相当豪华，其中有五个尚书、两个御史、三个六部侍郎，剩下的人也都是重要部门的官员比如翰林学士、詹事府詹事、六部给事中等。

这么多重量级人物聚集到一起，嘉靖皇帝不得不慎重考虑此事的后果。通过这么多年与文官斗争的经验，他已经深刻体会到每一位士子都不是孤身一人，他们每个人的背后都站着一群人或者一个家族作为后盾。

即位至今，嘉靖已经十八岁了，三年的帝王生涯让他从拘泥于安陆的藩王世子变成了放眼全局的一国之君。这两种身份是截然不同的，思考问题的角度也全然不同。本来他已经成熟很多了，可是当他知道绝大多数的大臣们不好好工作都跑到左顺门跪谏的时候，嘉靖还是心慌了。

他的做法是先礼后兵，先派出去几个太监好言相劝，希望大臣们能从哪儿来回哪儿去。他也知道这个办法肯定不行，后边还准备了第二招——锦衣卫。一群人跪在那里要见的是嘉靖本人，几个太监哪有资格打发他们？有意思的是太监来了之后，这些人不光跪着，还大哭起来，二百多个大老爷们儿一起号啕大哭，哭礼乐崩坏，哭自己无能，九泉之下无颜面对弘治皇帝。震天的哭声也没能招来嘉靖，反倒把锦衣卫招来了。

锦衣卫抓走了为首的八个人。杨慎虽然是带头闹事的，但是锦衣卫抓走的八个人中竟然没有他。

在场的大臣按照四品以上夺俸、五品以下受廷杖的原则受罚，被打的人达到一百八十多人，其中十八个人当场被打死。这场“跪谏左顺门”的剧本在嘉靖的暴力参与下变成了“血溅左顺门”。

廷杖的结果出乎意料地好，闹事的官员们老实了，被流放到云南了，嘉靖追封亲爹为“睿宗”也没人敢吱声了。后来他能在二十六年不上朝的情况下维持大明王朝这驾马车继续前行，“血溅左顺门”绝对起到了作用。

张璁作为“大议礼之争”的受益者，成为嘉靖面前的大红人，同时也是同僚眼中的小人。在嘉靖说了算的时候，几声“小人”浇灭不了张璁一心想建功立业的热情。杨廷和辞职之后，蒋冕和毛纪也曾与嘉靖争执议礼的问题，只有费宏态度稍稍温和，嘉靖就让费宏递进为内阁首辅。张璁对费宏的位置眼红不已，但是他也有自知之明，自己的威望和资历都需要再打熬几年。为了制衡内阁再次独大，他建议嘉靖请杨一清出山，担任兵部尚书兼三边总制，他自己则被嘉靖任命为礼部尚书。

“一朝天子一朝臣”是铁律，嘉靖要借张璁之手将曾经反对自己的大臣们统统清洗一遍，张璁又何尝不作此想？他这个礼部尚书经常被反对派的人看不起，早就有心收拾他们了。君臣二人一个放纵、一个强横，联手扫荡了所有他们认为碍眼的部门。

曾经依附杨廷和的人要么改变立场，要么被清除出官僚队伍。

逐渐在朝堂站稳脚跟的张璁并不满足，内阁首辅的位置才是他的终极奋斗目标。费宏没有成为张璁的盟友，就只能接受张璁的挑战。

首先，费宏比张璁年轻、出身也好，这让心胸不甚宽广的张璁觉得很不舒服。其次费宏是个“神童”，十三岁中府试“文元”，十六岁中乡试“解元”，年方二十就高中殿试的“状元”，成为大明最年轻的翰林学士。这份光彩的履历让连考八次才中了二甲进士的张璁情何以堪？最后，也是最重要的一点，费宏的人品也比较过硬，找不出让人诟病之处，所以他在正德十六年就入阁成为文渊阁大学士，为他在嘉靖年间登上首辅之位奠定了扎实的基础。这样一个没有什么缺点，连嘉靖皇帝也不讨厌的人，怎么才能把他拽下首辅之位呢？

张璁和桂萼决定用小人的行为来恶心君子，让他自动让贤。本来还不算太下作的两个人突然改变了文风，写奏折的时候总是拿一些莫须有的事情来恶心费宏。嘉靖看出这两个功臣的小心眼，也不加以阻止。费宏一向正直和顺、谦卑有礼，但是天天被两个大臣诋毁也受不了。皇帝倒是说相信他的品行没有问题，但是并不出手干预。费宏明白嘉靖是在等自己主动提出让位。说到底，他是跟杨廷和混过的人，在嘉靖心中并非自己人，还是早点让贤的好。他一提出辞职，嘉靖果然应允。

担任礼部尚书的张璁这两年也算得上高官显贵了，入阁顺理成章，但是距离担任首辅，还差上那么一点点。为了防止下一位首辅还是反对一系的人马，张璁再次把杨一清抬了出来，请他主持大局。杨一清到嘉靖朝已经是四朝元老了，他的年龄、资历、威望、功绩每一样都无可挑剔，他做首辅没有人敢反对。反正杨一清的年纪已经很大了，干不了几年就得回家，到时候自己的根基也扎稳了，正好继任。张璁一直认为在与“护礼派”的斗争中，杨一清曾支持自己和桂萼从南京来到北京，他上台肯定对自己有好处。

事情的发展与张璁预期的一样，杨一清成为首辅不久，他就成为次辅。由于嘉靖皇帝在背后力挺张璁，内阁的事情多数还是张璁说了算。杨一清为官五十多年，还有什么事情看不清、看不透呢？一般的事情张璁愿意做主就随他，真到出了大事，张璁才算领教了什么叫“姜是老的辣”。

张璁不是官二代，他来自民间，对底层百姓的生活比较了解。自己身居高位后，也希望能利用手中的权柄为百姓谋一点福利。如果能在造福百姓的同时顺便打压一下权贵阶层，那就再好不过了。他和桂萼开始清查宗室、权贵、外戚的田亩，将豪强们侵占的多余的土地归还到自耕农的手中。这一做法得到了嘉靖的许可，也得罪了绝大部分的官僚。杨一清虽然支持过他们“主演”的大议礼之争，但杨一清也是官僚，也是张璁施行新政的阻力。

有资格进入内阁的人没有一个是省油的灯，他们早就明白这个圈子没有存在长久的盟友或者政敌。杨一清曾经与杨廷和合作过，那又怎么样，杨廷和倒霉的时候他该踩还是要踩；提携过张璁和桂萼算什么，这两个人一搞起什么“一条鞭法”的新政，还不是连自己都不放过。为了制衡张璁，杨一清特地把已经致仕在家的八十岁的前内阁大臣谢迁请了回来。两个加在一起超过一百五十岁的老爷子果然厉害，他们弹劾张璁和桂萼滥用职权，这两个人就被嘉靖同时免职了。更深层次的原因或许不是因为两位老爷子的弹劾，而是新政实在得罪人太多了，不将二人免职，嘉靖也应付不过来。

张、桂下台之后，他们的支持者开始反击，弹劾杨一清贪污、受贿、结党营私、陷害同僚，等等，杨一清也落了一个被免职的下场。谢迁就不用提了，老爷子实在是年纪大了，又退休在家过了二十年的太平日子，复位不久就病故了。

张璁和桂萼离开朝堂之后，嘉靖用起别人总觉得不顺手，就把两个人又召了回来。嘉靖八年，张璁终于登上梦寐已久的首辅之位。

不到八年的时间里，张璁从一个礼部实习生升到首辅的位置上，他的经历成为明代官场的一段传奇。

做上首辅之位的张璁深切体会到了什么是“高处不胜寒”。

身在高位，不但不能高枕无忧，反倒需要更加打起精神，应对更多的挑战。比如说像自己当年一样觊觎首辅之位的人就层出不穷，张璁需要投入更多的精力才能一一摆平，稍有不慎就会步费宏的后尘，被后来者拉下马来。

本章主要登场人物：

1. 朱厚熜，明世宗，年号嘉靖。正德无子，朱厚熜以旁支继位，早年英明严苛，晚年沉迷修道。

2. 杨一清，内阁首辅，号称“出将入相，文德武功”。

3. 毛澄，礼部尚书，与杨廷和为坚定的政治盟友。

4. 张璁，熟悉礼制，因公开支持嘉靖为亲生父母上尊号而得以在政坛崭露头角，官至内阁首辅。

5. 桂萼，早年政治不得志，与张璁联手支持嘉靖，升迁速度极快。

6. 杨慎，杨廷和之子，大才子，政治上不甚成熟。

7. 郭勋，明朝开国元勋郭英之后，世袭武定侯，封翊国公，政治上包庇张璁等人。

8. 费宏，内阁首辅，与杨一清、杨廷和等人交好。

9. 霍韬，大臣，与张璁、桂萼等为盟友，共同支持嘉靖的大礼议斗争。

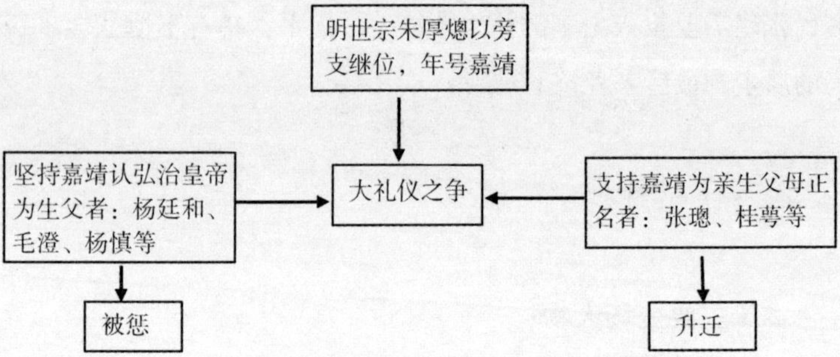

嘉靖年间大礼仪之争关系图

第六章 首辅上岗的残酷竞争

1. 成也“礼仪”败也“礼仪”

首辅张璁感受到的第一次威胁来自一个叫夏言的吏科给事中。正七品的言官对上从一品内阁首辅，理论上是没有胜算的。可是张璁本人就是一个活生生的例子，他在南京做刑部主事的时候就敢千里迢迢跑到北京来与首辅杨廷和斗，结果还赢了，这就证明一切皆有可能。

夏言，江西贵溪人，正德十二年的进士，人比张璁年轻，中进士的资历却比他老。唯一让张璁放心的是夏言的进士成绩还不如自己，他与桂萼一样是三甲的“同进士出身”。不过这倒不是因为夏言学问不好，而是他的文风过于犀利，不符合君子“和平中正”的标准，这才被判为第三等。

三甲的进士是没有资格做翰林的，夏言也不想离开京城到地方上做一个小官，就留在京城的“行人司”做了一个从八品的“行人”。“行人”，顾名思义就是跑腿的，往各个部门跑一跑腿，传点话或者递递公文什么的，活儿不重却很琐碎。这个工作有一个好处就是哪里都能去，接触面广，可以借机认识更多的官场中人。不过从后面的事情看，夏言显然不好这口。他并没有利用这个跑腿的机会扩大自己的社交圈子。

夏言的服务对象是嘉靖，为皇上做“行人”实在是一个让人又爱又恨的工种。好处显而易见，在皇帝面前混熟了，很容易摸清皇帝的喜好，进而成为亲信、心腹，被委以重任；坏处也很明显，“伴君如伴虎”绝对不是危言耸听，谁能保证自己时时事事都能和皇上的想法保持一致。一个不小心说错话或者办错事，都有可能遭遇灭顶之灾。所以这个差事有利有弊，就看当事人如何操作了。

还好，夏言的适应力很强，对皇帝的心理把握也很到位。他很快就脱离了“行人司”，被提拔到了吏科给事中的位置。给事中的品级也不高，但胜在清贵，有什么意见也可以直达天听，夏言对这一步安排很是满意。他清醒地意识到，嘉靖皇帝才是这个王朝真正的当家人，与其费尽心思地讨好满朝权贵，不如好好伺候嘉靖一人。他知道嘉靖对礼仪有着狂热的偏好，就投其所好，花了很大功夫去研究礼仪中有哪些内容能为我所用。嘉靖登基之后，在不断的斗争中掌握了很多礼仪方面的知识，他惊奇地发现“议礼”可以作为扫清障碍的最佳工具。他认为天地合祭就不合乎周礼，希望可以在自己手里改回来，但这个提议不能自己提出来，就私下暗示张璁提，自己再批准。谁知道当上首辅的张璁对嘉靖的暗示竟然没有反应，反而说天地合祭也没有什么不妥之处。嘉靖一生气，开始物色起新的代言人。一向能干的夏言成为嘉靖在张璁之后刻意培养的人才。

祭祀天地是古代最高规格的祭典，讲究冬至日在南郊祭天，夏至日在北郊祭地，洪武时代就是这样进行的。到了洪熙皇帝朱瞻基时代，他将曾祖父朱元璋和祖父朱棣的牌位都供奉起来，于是开始天地合祭。这种天地合祭的方式一直持续到嘉靖上任。

夏言得到嘉靖的暗示之后，不但上疏提议天地分祭，还将此事上升到王朝中兴的高度。这马屁拍得实在是太到位了，哪一位守成之君不希望自己是“中兴之主”呢？开国皇帝的梦不是每一个人都能做的，但是“中兴”就不同了，只要在位期间能够做出一两件大事，完全有可能在史书中搏一个“中兴”的美名。从这个意义上说，夏言与张璁的斗争也从一场“议礼”开始。

天地合祭与天地分祭的区别真有那么重要吗？不管是哪一种都曾经实行了很多年，也没出过什么岔子。嘉靖授意夏言抛出这个议题就是想看看朝臣们的反应，看看有多少人与皇帝是一条心，又有多少人已经被张璁收为己用。可惜张璁没有看透这一点，他只是认为夏言不知天高地厚，挑战自己的权威。满朝文武谁人不知道自己就是礼仪方面的专家，自己已经说了天地合祭是可行的，夏言有什么资格怂恿陛下将合祭变成分祭？

张璁对夏言很不满意，但他作为首辅犯不着亲自出面教训夏言。于是他在南京时的死党霍韬就替他上了一封奏折，大骂夏言不明事理。夏言背后有嘉靖撑腰，来自礼部侍郎霍韬的责骂对他毫无作用。他不会告诉霍韬，你骂得越狠，过几天受到的惩罚就会越重。

果然，嘉靖对霍韬的奏折极为不满，你是在骂夏言还是在骂

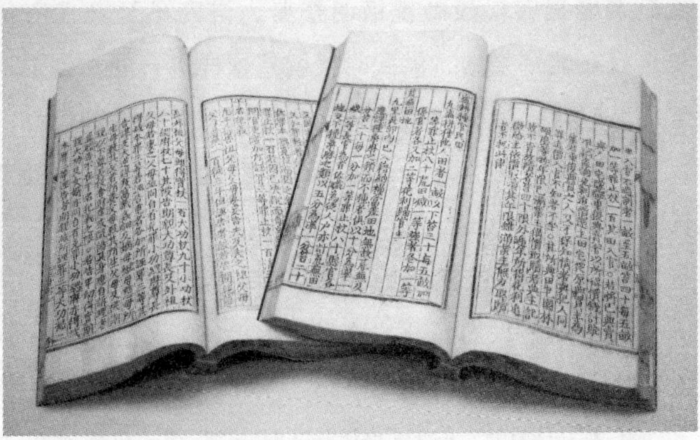

明朝《鱼鳞图册》。鱼鳞图册是旧时为征派赋役和保护封建土地所有权而编制的土地登记簿册

朕？霍韬承受不住皇帝的怒火，正三品的礼部侍郎直接被送进了监狱。与霍韬入狱形成鲜明对比的是夏言青云直上，直接从六品官连升三级，升为侍读学士，授四品衔。

大家都知道霍韬是张璁的人，嘉靖如此不给面子地处置霍韬，就表示张璁的地位不像表面上那么稳固了。夏言则成为一只潜力股，行情看涨。不管怎么样，一个失宠的内阁首辅还是比一个刚刚晋级的侍读学士有权势。张璁回去之后立即部署，指使手下人盯紧夏言，一旦有发现立刻来报。他就不信揪不住夏言的小辫子。

经过手下的细心搜罗，张璁面前摆了很多关于夏言的资料。他没有想到夏言竟然是一个非常自律的人，不但非常清廉，也从不参与拉帮结派。这就让张璁无从下口了，毕竟想要斗倒一个皇帝器重的人，不拿出来点真凭实据是不行的。杨廷和之所以下台，是因为他得罪了皇上；费宏之所以下台，是因为他过于清高；杨一清之所以下台，是因为他与“八虎”之一的张永有旧，皇帝当时还需要张璁的支持，才给了他这个面子。现在的夏言和前几位都不一样，杨一清也好，费宏也好，他们都是高高在上的内阁首辅，即便平日表现得再礼贤下士，也难免会引发有心人的不满；夏言是从底层起步的小官僚，直到现在也不过刚刚升任四品，除了张璁，没有人视他为心腹大患。

面对几乎没有弱点的夏言，张璁的心情很不好。手下人都知道张大人最近脾气暴躁，没事都不敢招惹他。一个年轻的翰林没有看出这一点，很不幸地撞在了枪口上。

原来张璁看到嘉靖已经认可了夏言进谏的天地分祭，自己也想赶紧找一项大的功绩来固宠。他的主意很大胆，说孔子名不副实，没有必要把一个教书先生抬高到“圣人”这么高的位置，应该除掉孔子的诸多封号，还原他的身份。

这个提议应该说很离谱，对于读圣贤书出身的官员们来说，贬低孔子基本上等于“欺师灭祖”。但是大多数人都对此事保持了沉默，他们知道张大人最近心情不好，得罪了他比得罪孔子报应来得快。一个叫徐阶的翰林学士不畏强权地出头了，他头头是道地反驳了张璁的建议，也彻底得罪了正处于低潮期的张璁。得罪了首辅大人的后果就是原本很有前途的翰林学士被迫离开京城，到边远的福建延平府担任推官。

赶走徐阶只是张璁随手下的一步棋，他的主要目标还是夏言。为了赶走夏言，张璁拉拢了很多官僚，示意他们相继到皇上面前诋毁夏言。他却忘了无论皇帝多么宠信一个人，都不会容忍其肆意结党。何况，嘉靖对张璁的宠信已经变成“过去式”了，对他的过激行为就更加不能容忍。嘉靖十四（1535年）年，失去了皇上信任的张璁不得不辞职，在他下台的同时，夏言成为新一任的礼部尚书。当年张璁挤走费宏的时候，也是礼部尚书的身份。

嘉靖十五（1536年）年，礼部尚书夏言升太子太傅，授武英殿大学士，入内阁。嘉靖十七（1538年）年，夏言挤走了李时，成为内阁真正的当家人。

上层的斗争无处不在，首辅的位置实在太耀眼了，这就注定了坐上这个位置的人要不断地接受外来的挑战，就如同武林盟主的位置，没有人能做得长久。纵使是智慧和能力都远胜张璁的夏言也不例外，从他进入内阁的那天起，就有很多双眼睛在寻找他的破绽。夏言的命门在哪里，张璁没有找到，或者说当夏言还不是首辅的时候，这个缺陷被他隐藏得很深。当他如愿以偿当上内阁首辅，就放松了警惕，致命的缺陷也暴露在有心人的眼中。

2. 以柔克刚争首辅

找到夏言破绽的人是他的江西老乡，叫严嵩。严嵩是江西分宜人，出身于寒士家庭，少年聪慧，很早就在读书作对方面表现出很高的天分。据说夏言曾经看在老乡的面子上对严嵩很是关照，可是后来发现两个人志不同、道不合，才逐渐疏远了严嵩。巧的是，夏言入阁之后，礼部尚书的位置就传到了刚从南京吏部尚书卸任的严嵩身上。嘉靖一直喜欢在“礼”字上做文章，当上礼部尚书往往成为嘉靖一朝入阁的铺垫。

与前辈张璁、夏言一样，严嵩与内阁的缘分也来自嘉靖对礼仪近乎偏执的爱好。现在他的生父兴献王朱祐杬已经是大明“睿宗”，嘉靖尤嫌不足，他还想把生父的牌位放到太庙，享受最高规格的哀荣。连正儿八经做过皇帝的建文帝朱允炆和景泰帝朱祁钰都没有资格进入太庙，朱祐杬进太庙势必会遇到阻拦。文臣们虽然早就见识过嘉靖对于自己生父名分问题的执拗，还是毅然决然地劝阻他。这时候，礼部尚书的意见尤为重要。大家都在看严嵩对此无理要求到底是支持还是反对，这群看客包括大臣和嘉靖本人。

要么支持，要么反对，除此之外别无选择。支持皇上就意味着背叛整个士大夫集团，得到士大夫的认可却被皇上厌恶也不是严嵩希望得到的结果。再三思量之后，他上了一封洋洋洒洒的奏折，写得天花乱坠，态度却是模棱两可。严嵩忘了，想着两不得罪的人往往会两方都得罪，里外不是人。果然，精明的嘉靖看到他的奏折之后很生气，宣严嵩即刻觐见，逼着他当面表态。迫于嘉靖的威势，也出于内心深处对权力的渴望，严嵩完全倒向了皇帝。或者说，从那一刻开始，皇上的需求就是他办事的唯一原则。

不用再恪守士大夫的原则，严嵩反倒更能静下心来观察身边的人和事。他眼中的嘉靖皇帝是一个以自我为中心的人，他要掌控天下；他眼中的首辅是一个极度自负的人，不肯拉帮结派不是出于自律，而是他不屑。两个最主要的上司被他琢磨透了，严嵩就开始考虑自己能否取夏言而代之。

严嵩和秦桧在“奸臣榜”上齐名，他们两个人的共同点都是比较阴柔，整人的时候不喜欢直来直去，而是千方百计地挖好坑，等你自己跳进去。从年龄和辈分上来看，严嵩比夏言年长两岁，中进士的时间也比夏言早，算是他的前辈。但是夏言从来没有把严嵩当作前辈来尊敬，总是理直气壮地享受严嵩在自己面前惟命是从的样子。

当嘉靖对礼部尚书严嵩越来越倚重时，夏言还自恃身份高贵把严嵩当作下属看待，说话办事从不给对方留面子。哪怕严嵩也进入内阁之后，夏言也不肯假以辞色，经常把严嵩呈送的文稿任意批改或者干脆驳回，命他重拟。年过花甲的严嵩不动声色地忍受着夏言的羞辱，让朝中大臣都看看首辅大人的骄横跋扈。

不工作的日子里，严嵩积极地行动，试图改善自己与夏言的关系。他多次宴请夏言到自己家做客，但总是遭到拒绝。有一次，夏言实在不耐烦了，就答应到严府做客。严家上下十分重视首辅大人的大驾光临，精心准备了美酒佳肴和陪客。到了约定的时辰，夏言却迟迟不来。严嵩亲自上门去请，夏言让下人出来告诉严嵩自己上朝累了，宴会就不去了。严嵩主仆回家之后，饭菜已经凉透了，满堂的宾客等着看笑话。只见严嵩走到大厅中央，叫着夏言的名字，大声诵读自己亲手写的请柬。读完之后，不顾宾朋诧异的眼神，自己端起放凉的饭菜吃了起来。之后，朝臣中就流传夏言欺人太甚、严嵩视首辅“如子之奉严君”这样的言论。严嵩忍气吞声、忍辱负重的形象逐渐竖立起来，很多人都对他的遭遇表示出同情，对夏言的张狂也颇有微词。同僚们同情严嵩、厌恶夏言是严嵩的短期目标，而嘉靖皇帝也这么想才是他的最终目的。

嘉靖喜欢修道，修道就要写青词。青词是写给神仙看的、用朱笔写在青藤纸上的文字，要求辞藻华丽、对仗工整、主题玄奥，用于向上天祈祷。挑剔的嘉靖认为道士们文化水平有限，写出来的青词质量不高，就委托内阁的几位大学士来撰写。

大学士当中以夏言的青词写得最好，每次他的“作业”都能得到嘉靖的高度认可。可惜夏言没有好好发挥自己的优势，他认为堂堂首辅有太多的事情需要处理，哪有时间写不知所云的文字来陪神仙玩，所以总是推三阻四，不肯让嘉靖痛快。严嵩的青词写得没有夏言水准高，但他信奉“皇帝的小事也是大事”，所以一直笔耕不辍，哪怕自己老眼昏花、点灯熬夜也要把青词写出来。夏言与严嵩对待青词的不同态度决定了他们的不同结局。

除了写青词，嘉靖在修道的时候喜欢佩戴自己亲手编织的香叶冠。为了表示恩宠，嘉靖还把香叶冠分发给身边的近臣。他自己做示范，带着香叶冠口诵《道德经》，臣子们都不好不戴。夏言偏偏不信邪，硬说这不是大臣应该佩戴的，弃之如敝履；严嵩则不但恭恭敬敬地戴上，还罩上青纱以示虔诚。

嘉靖二十五年（1546年），一个叫杨金英的宫女不满嘉靖炼丹的荒唐行径，暗地串通了十余名宫女在宫内起义。她们试图趁嘉靖熟睡之际，用绳索勒死皇帝，因为行事匆忙，杨金英等轰动一时的“壬寅宫变”的行为并没有成功。不过嘉靖却因此留下了心理阴影，离开皇宫，搬到西苑居住。他命令大臣们到西苑报道时，要按照道士的习惯骑马而不是按照文臣的习惯坐轿。别人都恭恭敬敬地照做了，包括六十多岁的严嵩也任由一把老骨头被马背颠得几乎散架；只有夏言不理会，依旧轿子抬着进进出出。

终日围绕在嘉靖身边的人不是太监就是道士，他们的地位不高，但是熟知嘉靖的喜好，想为谁美言或者想诋毁谁有的是机会。这些人不经意的几句话足以让人死到临头还不知道得罪了谁。严嵩很重视这些地位低下的特殊人群，每次与太监或者道士打交道都很有礼貌，给予他们足够的尊重。遇到有太监到家里传旨，他还会亲自出迎，请“天使”上座，临走的时候还要塞满礼物。再看夏言，他连皇帝都不屑于逢迎，何况地位卑微的太监。他对这些人一如既往地傲慢，毫无意外地成为嘉靖身边人最不喜欢的一位阁臣。

嘉靖的头脑足够聪明，心胸却不够宽广，他对朝政有自己的一套理解，所以他不需要一个有主见、有胆量与自己作对的首辅，相反一个肯听话照做的柔顺之辈才是他心中理想的首辅。写青词、戴香叶冠、骑马坐轿，都是小节，可是小节能反映一个人的内心。尤其是碰上嘉靖这样重视细节的人，一件件微不足道的小事积攒起来就是大祸的根源。

嘉靖二十一（1542年）年，严嵩向嘉靖告状，说夏言对他百般欺凌，目无君上，理当严惩。正巧那一天日全食，严嵩联系天象，说夏言对上天不恭才会引起天象示警，如果任由他继续专横跋扈，恐怕会招致更大的天灾。夏言当然不会坐以待毙，他马上发起反击，授意几个言官弹劾严嵩贪污受贿。从夏言反击的速度可以看出他也一直在提防严嵩，表面上无所顾忌的夏言知道斗争无处不在，可惜他已经失去了嘉靖皇帝的信任，反击的速度快慢已经不重要了。嘉靖批准了严嵩的诉状，摘掉夏言内阁首辅的官帽，命他即刻出京。

严嵩用隐忍终于扳倒了压在头顶的一座大山。夏言走了，次辅翟銮递补为内阁一把手，严嵩按照次序上升到次辅的位置，此外还有吏部尚书许赞、礼部尚书张璧同在内阁任职。强势的夏言都被严嵩干掉了，区区一个翟銮更不在话下。两年以后，六十四岁的严嵩终于当上内阁首辅。

嘉靖在西苑炼丹、念经、修道，从不上朝，也不主动关心政务，严嵩俨然就是大明王朝的主人了。他放弃了自己的休息日，基本上每天都在西苑的值班房喝茶、聊天，以确保皇帝有需求时他会在第一时间出现。这种赤胆忠心让嘉靖很是欣慰，给他的权力越来越大。

随着手中权势的高涨，严嵩也步夏言的后尘，骄横跋扈起来。他忘了自己是怎么把对手送走的，一味沉浸在权势带给自己的满足感中无法自拔。直到有一天，当他来到值班房的时候，发现已经罢官的夏言坐在昔日首辅的位置上冲自己眯着眼睛笑，严嵩才猛然警醒。

嘉靖不允许任何人忽视他的存在。哪怕他十几年不上朝，也不表示他不关注朝中的一切风吹草动。要知道，明朝的锦衣卫从来就不是吃素的。严嵩刚刚有了骄横的苗头，嘉靖就把夏言找了回来，让这两个死对头继续在自己眼皮子底下掐架。他不喜欢看见朝中一人独大，喜欢在“制衡”的过程中展现自己的政治智慧。

夏言回来继续当他的首辅，严嵩只能夹起尾巴乖乖做跟班。夏言认定自己三年前被迫罢官离京都是严嵩在背后搞小动作，他答应回来任职还有一个目的就是复仇。

夏言以为自己被召回是因为严嵩不会治国，所以嘉靖才会想起自己。既然皇帝离不了自己，那么就不用担心对严嵩的报复是否过分。他肆无忌惮地寻找严嵩的一切把柄，把所有重要岗位都安插上了自己人。他的手下在调查严嵩的时候无意间发现了严嵩的儿子严世藩贪腐的证据。

严嵩父子听说夏言准备把证据送到嘉靖面前，连夜跑到夏言的府上长跪不起，祈求得到夏言的宽恕。父子二人的演技无与伦比，他们一边跪着哭，一边向夏言道歉，情真意切，让人不忍拒绝。特别是严嵩都六十多岁的人了，一把鼻涕一把泪的样子着实令人难受。夏言这回长心眼了，他知道凭嘉靖对严嵩的宠信，不会因为严世藩的一点罪过就狠狠地处置严嵩，反倒是让这爷俩一起跪在自己面前比较有成就感，复仇不就是图一个心里痛快吗?

逼得严嵩下跪，夏言解气了。可是在内阁上班，每天看到严嵩那张讨好、谄媚的面孔，夏言还是厌烦。他自己做不来这一套低三下四，又害怕严嵩再次得到嘉靖的好感，决定找一个人来制衡严嵩。这个人一定要有能力、有智慧还要有耐心应付嘉靖皇帝各种无理无聊的要求。

3. 徐阶曲意事严嵩

夏言物色了好久，目光锁定了一个名字——徐阶。

徐阶，字子升，号少湖，松江府华庭县人。张璁任内阁首辅的时候，徐阶以翰林学士的身份挑战当朝首辅的权威，被贬到福建任职。他没有想到自己在有生之年还能重回京城，甚至与权力巅峰离得如此之近。

在徐阶的家乡华亭县有一位县长叫聂豹，是正德年间的进士，曾经官居兵部尚书一职。身为兵部最高长官却对日益严重的倭寇作乱无所作为，聂豹被嘉靖贬到了华亭县。在这里，徐阶因为学问出众得到了聂豹的赏识，成为县长的入室弟子。聂豹正是王守仁的嫡传弟子，徐阶拜他为师，自然也是心学的传人。在南方任职期间，徐阶每到一处就主动负责教育这一方面的政务，这一工作岗位为他传播心学提供了极大的方便。后来徐阶飞黄腾达，少不了他在各地薪火相传的心学门人的支持。

徐阶回京之后的第一个职务是东宫洗马兼翰林院侍读。四年之后，他又被任命为国子监祭酒。国子监掌握王朝的教育系统，从这里走出来的学生将会是大明官僚系统的主力。在这里，本身的出众能力和夏言在背后的不断提拔，使得徐阶行情看涨。礼部侍郎、吏部侍郎、翰林院掌院学士，徐阶的每一步都走得稳稳当当。

虽然徐阶是被夏言征召回京的，但他们两个之间并没有明显的利益合作。徐阶也曾向夏言表示过感谢，但是夏言完全一副公事公办的态度，似乎一点都不在乎徐阶感不感恩。对于夏言来说，徐阶是他精心挑选的一个棋子，希望他能在关键时刻发挥最重要的作用；对于徐阶来说，既然当朝首辅把为天下储备人才当作己任，自己也就没有必要贴得太近，以免有拍马屁的嫌疑。如果能有机会报答首辅的知遇之恩当然最好，实在没有机会，老老实实做好自己的工作就是最好的报答。

夏言是孤独的，徐阶却有不少追随者。这些主动聚集在徐阶周围的人有一个共同的名字——心学传人。他们的力量并不明显，却在不经意间左右了朝堂的动向。多年以后的倒严运动，就是这些人充当了徐阶最大的助力。

当徐阶悄悄地积攒人望，严嵩老老实实地做内阁老二，夏言自认为一切皆在掌握之中时，灾难降临了。与夏言一起毁灭的人叫曾铣，他的职务是兵部侍郎、三边总制。一些消息灵通的大臣都知道，曾铣与首辅夏言有一层特殊的“连襟”关系：夏言的侍妾与曾铣的夫人是一对姐妹花。

曾铣上了一道奏疏，中心意思只有一个，就是收复河套，为此他还提出了一整套如何防御、如何出击的办法。河套地区是指黄河“几”字弯周边流域，自古就有“黄河百害，唯富一套”的说法。谁都知道河套是个好地方，但是这样水草丰美的地方也必然是周边部族极力争抢的地方。从汉朝开始，河套的掌控权就一直在汉民族与少数民族之间交替，谁强归谁。明朝初年，朱元璋也曾将蒙古大军赶走过，但是成化年间，明军实力下降，河套又被蒙古人抢了过去。

身为三边总制，提议复套本就是职责所在，曾铣如果不想方设法为自己的部将找点事干，去哪里找军功？不过复套确实不是一句话的事情，明朝开国一百多年，前面比曾铣厉害得多的将军都没能成功，以至于后面谁再提复套就会遭到大家的集体鄙视。不是大明不想收回河套，而是实在是没有必胜的把握，一旦开战就会使周边地区生灵涂炭，还不如现在与鞑靼部族互市现实。

曾铣的情况类似于南宋韩侂胄的悲剧，岳飞抗金就是民族英雄，到了他老韩再谈抗金，人人都说他准备亡国。多数人都不看好曾铣的提议，但夏言身为首辅兼“姐夫”，不能不发表自己的意见。他不但同意这一提议，还希望借助曾铣的早功稳固自己的地位。

严嵩抓住这个机会狠狠地打击了夏言和曾铣。复套花费太多、风险太大，收益如何却是一个未知数，唯一可以肯定的是蒙古人即便失败也一定不会善罢甘休，所以真的付诸行动的话，就等于捅了马蜂窝，麻烦将会无穷无尽。

为了加深嘉靖对曾铣和夏言的厌恶，严嵩还动用了一个被曾铣关在监狱的囚犯作证。这名囚犯叫仇鸾，是当年安化王叛乱时的功臣仇钺的孙子，他因为谎报战功、克扣军饷等事被曾铣下狱，对曾铣恨之入骨。严嵩找到他，问他有一个扳倒曾铣的机会，敢不敢把握？仇鸾略一思索，就想到一个让曾铣无法翻身的罪责。他出面指证三边总制曾铣与内阁首辅夏言互相勾结，妄图挑起战争来获取军功。

边将与朝臣勾结历来是朝廷的大忌，何况曾铣和夏言本来就有一层亲戚关系。嘉靖看到仇鸾的证词大怒，立即下令将两人处死，妻子流放三千里。据说嘉靖原本只想处死曾铣一人，让夏言罢官了事。严嵩进了谗言，说夏言对嘉靖的处决不满，等等，致使嘉靖让锦衣卫快马追赶已经出京的夏言，在通州将其捉拿归案，并于当年十月斩首示众。夏言成为明朝第一个被刑罚处死的内阁首辅。

用血腥的手段干掉夏言，内阁首辅的位置非严嵩莫属。虽然是嘉靖皇帝下令处死夏言的，但是在朝臣们看来，严阁老已经树立起自己的绝对权威，任何挑衅他的人都有可能如夏言的下场。

为了保住自己用血泪挣来的权位，严嵩对所有弹劾自己的人都施以残酷的打击。锦衣卫沈炼和兵部武选司员外郎杨继盛之死就是突出的例子。

沈炼是浙江会稽人，嘉靖十七年进士。他不是言官，但喜欢上疏论事，属于锦衣卫当中的另类。他对严嵩父子的恶行非常不满，上疏罗列了严嵩“要贿鬻官，沽恩结客”“妒贤嫉能”“阴制谏官”等十条罪状，被严嵩设计除去。沈炼之死引起了锦衣卫指挥使陆炳的伤感，陆炳成为倒严的潜在力量。

杨继盛是国子监出身，徐阶的学生。他上疏弹劾严嵩十罪、五奸，还把嘉靖皇帝最相信的天象说与严嵩联系在一起，攻击力很强。但他也没能逃脱严嵩的迫害，惨死狱中。杨继盛的死激发了徐阶一直忍而不发的愤怒。

沈炼和杨继盛的死为陆炳和徐阶的合作提供了可能。

夏言死后，内阁空出来的位置被徐阶不声不响地补上，成为一个影子一般的内阁大学士。他也曾想象过与严嵩翻脸、公开决斗的情形，但理智告诉他，嘉靖皇帝对严嵩非常依赖，斗倒严嵩将是一段曲折而漫长的过程。为了达到这个目的，他必须虚与委蛇、和光同尘，得到嘉靖信赖的同时还要保护好自己不要被严嵩整下去。

为了达到目的，徐阶可谓不惜血本。他竟然把自己的亲孙女嫁给了严世藩的儿子做小妾，两人成了儿女亲家，才打消了严嵩对自己的戒心。为了分嘉靖的恩宠，徐阶也努力学习撰写青词。说到读书，徐阶比张璁、夏言强了不少，比起少年聪慧的严嵩也强了那么一点点。严嵩当年参加科考，殿试的成绩是二甲第二名，徐阶却是一甲第三名的探花郎。有这样的底子，又有一颗虔诚地拍嘉靖马屁的心，徐阶的青词写得越来越好，在嘉靖心中的地位也越来越高。他小心翼翼地伺候着嘉靖和严嵩，一刻也不敢松懈。

当嘉靖应该立哪个儿子做太子的话题被挑起来之后，徐阶找到了打击严嵩的机会。

有修道的事情牵扯着嘉靖的精力，他子嗣不旺，成年的儿子只有老三朱载垕和老四朱载圳。侍奉在嘉靖身边的半吊子道士见他的几个儿子相继夭亡，提出一个“二龙不相见”的说法，说什么二龙相见，必有一亡。为了让两个仅存的儿子健健康康地活着，嘉靖更加深居简出，摒弃了寻常人家都能享受的天伦之乐。朱载垕年长，是为裕王；朱载圳比朱载垕晚生一个月，是为景王。两个儿子都很少见到父亲的身影，亲情难免淡薄，但是对权力的渴求却一点不少。

朝中的大臣们看到嘉靖久不上朝，想讨好皇帝都没有机会。除了严嵩、徐阶等内阁大臣之外，其他人想见嘉靖一面难如登天。既然巴结不到大的，那就巴结小的，所以裕王和景王身边一直不乏奉承之人。在大臣们眼中，这两位王子都有继承皇位的可能，裕王年长，按照立长不立幼的传统，裕王继位的可能性较大；但景王的母妃更受宠一些，如果嘉靖认同“子凭母贵”的话，景王也不是没有登基的可能。不过这些话都只能在私下里说说，谁也不敢公开讨论。一心求道的嘉靖修炼的最终目的就是求长生，他不允许自己还没有死的时候，底下人就开始讨论他死后的问题。

国家没有储君是不合乎礼法的，两位皇子长大成人之后，立太子成为一个很重要的问题。即便嘉靖再不愿意提起这个话题，他也不得不面对了。严嵩依旧是最受皇帝宠信的大臣，每个人都认为他的态度将会对皇帝产生巨大的影响。只有严嵩自己明白，皇帝之所以能容忍一个老眼昏花的老头子跟在身边十几年，不是因为他有多能干，而是他最懂得配合，最了解皇帝的需求。这样的皇帝最不喜欢的就是别人强加给他意见，所以严嵩在立太子的问题上一直保持沉默，装聋作哑。

有些事情不是想躲就能躲过去的。严嵩不想得罪人，嘉靖偏偏用这件棘手的事情来逼他表态。更可悲的是嘉靖这话不是单独问严嵩的，他同时也征询了徐阶的意见。用一个问题来试探两个臣子的心，这符合嘉靖的一贯作风。他让面前的两个人随便说说自己的两个儿子，然后再帮自己分析一下哪一个可堪大用。

严嵩就说自己每天全心全意伺候皇上，压根没考虑过储君的问题。陛下春秋鼎盛，怎么会突然想起问这个问题呢？这个回答等于没说，但也表露了严嵩的心迹，他确确实实视嘉靖为自己唯一的主子，不敢动别的心思。

听完严嵩表忠心后，嘉靖转向徐阶，想听听他的意见。徐阶入阁以来一直中规中矩，不急于表现，分配给他的任务也总是完成得恰到好处，嘉靖对他的印象还是不错的。徐阶见严嵩已经选择了两不相帮，自己就不能拾人牙慧了。其实这个问题他也曾思量了好久，最后还是觉得裕王的胜算比较大一些。当嘉靖盯着自己时，徐阶咬牙说自己认为裕王年长，按顺序当立为太子。

皇上偏爱景王的母妃是真的，但要说偏爱景王还真不一定。毕竟从明朝开国以来，朱元璋就立下了“嫡长子继位”的祖训，虽然朱棣自己没有遵循父亲的意见，但他的后人对此条规矩执行得还算彻底。嘉靖在为生父争名分的事情上已经得罪了太多的人，念及一个儿子的孝心，他的做法远远算不上天怒人怨。裕王和景王都是他的骨肉，徐阶相信以嘉靖的智慧，不想看到兄弟相残的悲剧。也许他更偏爱景王，但是只要裕王没有做出什么大逆不道之事，八成能得到皇位。正因为方方面面都考虑到了，徐阶才敢旗帜鲜明地支持裕王。

徐阶表态之后，裕王一党便视他为一条船上的人，将所有的政治资源对徐阶敞开。严嵩失策了，他的圆滑使得自己既没有得到裕王的感激，也没有获得景王的好感。

嘉靖每天都在虔诚地炼丹，谁知道他会不会真的长生不死呢？所以将扳倒严嵩的希望寄托在嘉靖驾崩之后让很多人都不耐烦了，他们希望早一天看见严嵩倒台。八十多岁的老人家早就应该在家里含饴弄孙、颐养天年，谁像严嵩这么贪婪，坐在内阁的高位上都快二十年了，也不知道给年轻人腾出位置来。

“倒严”分子们坐不住了，严嵩父子这些年来把持朝政、卖官鬻爵的事情做得不少，这时候，严嵩的老妻亡故，严世藩作为孝子需要回到家乡为老母亲守孝三年。严世藩不仅是严嵩的儿子，更是他最得力的助手。严嵩能以八十多岁的高龄处理政事，秘诀就是靠严世藩帮他写青词、帮他批阅奏折。现在严世藩一走，严嵩等于少了臂膀。

嘉靖不在乎严嵩妻子的死活，也不在乎严世藩用不用回江西分宜去守孝，他只看到严嵩交上来的青词质量大不如前，非常不爽。对神仙敷衍就是对自己不敬，嘉靖在修道的事情上非常较真。他斥责了严嵩，看着一个八十多岁、须发皆白的老臣匍匐在自己脚下认错，嘉靖心里更加不痛快。老态龙钟的样子实在太可怕了，嘉靖愈发期冀某一炉的丹药能够让自己永葆青春，对帮助自己修行的道士也愈发看重了。

徐阶看到严嵩被训斥，心里有了底。安插在嘉靖身边的棋子蓝道行终于可以派上用场了。确切地说，蓝道行不是与徐阶有联系，而是与他所属的学派有联系。蓝道行有一位好友叫何心隐，是泰州学派的代表人物。泰州学派与徐阶代表的江右学派是王守仁心学的两个不同分支，同气连枝。于是“蓝神仙”在得到徐阶的暗示之后，告诉嘉靖自己夜观天象，发现朝中有奸佞作祟，会导致天下大乱，当除之。哪个奸佞有能力搅乱天下呢，一定是权柄最大的那个人。严嵩首当其冲，被嘉靖列为头号怀疑对象。

《明史》评严嵩父子之败，乃“发于邹应龙，成于林润”。殊不知邹应龙和林润两位御史的后台正是内阁首辅徐阶。

嘉靖四十一（1562年）年，监察御史邹应龙在徐阶的授意下很及时地送上一份弹劾严嵩父子的奏折，坚定了嘉靖除去严嵩的决心。严嵩老了，已经不能再为他驱驰了，还是顺应天意民心，将他罢官比较好。嘉靖保全了严嵩的性命，打发他回家养老；严世藩则被发配到雷州充军。如果严嵩的事情到此结束，也不失为一个比较圆满的结局。可是世上没有如果，事情还在朝着不利于严嵩的方向发展。

严世藩没有受过苦，哪里肯自觉到雷州那么偏远的地方充军。他在发配途中贿赂了官差，跑回江西老家躲了起来。本该偷偷摸摸做人的严世藩偏偏不肯低调，他又是修豪宅，又是结交匪类，终于再次被弹劾。

这一次弹劾他的人叫林润，是一个嫉恶如仇的御史。他听说严世藩与通倭的罗文龙是酒肉朋友之后，就断定自己将会掀起一场惊天大案——严氏父子谋逆案。林御史敢于一往无前地弹劾严世藩，他的底气源自徐阶的支持。

严世藩归案之后，如何定罪成了考验官场老手与菜鸟的一道分水岭。按照林润等人的看法，将沈炼和杨继盛的死列为严世藩的大罪足以引起公愤。这个提议却被徐阶否决了。徐阶告诉他们，沈炼和杨继盛虽然因为严嵩父子而死，但是定罪的人却是嘉靖，若是拿这个罪名说事，严世藩就得救了。徐阁老亲自动笔，给严世藩谋划了两个罪名，分别是通倭和犯上。这两项罪名既把嘉靖摘了出去，又足以昭显严世藩的罪恶，实在很高明。

少了嘉靖的支持，严家就成了没牙的老虎；严嵩既倒，严世藩也只能任人宰割。说他们父子谋逆，恐怕嘉靖第一个就不相信。但事已至此，什么罪名已经不重要，重要的是严嵩父子彻底倒台就行。果然严世藩的罪状被报上去没多久，被判斩首，严家也被抄家，曾经依附严家的人抽身的速度绝对比当初攀附的速度还快。可怜严嵩在风光了大半生后沦落到躲在家族祠堂附近，依靠一点祭品果腹的凄凉结局。

嘉靖四十五年（1566年），早已是内阁首辅的徐阶推荐高拱入阁，借此向裕王释放自己的善意。高拱是裕王的侍讲学士，裕王是大明王朝未来的主人翁，徐阶拉拢高拱很明显是为了替自己的将来铺路。虽然他早就表露过支持裕王的心迹，可是他和裕王的关系无论如何都比不上高拱。高拱即将入阁，展示自己强势的一面。

4. 言官集团骂战霸气首辅

高拱，字肃卿，号中玄，河南新郑人。如同严嵩当权时被称为“严分宜”、徐阶被称为“徐华亭”一样，新郑县因为出了高拱这位阁老，有了自己专属的姓氏——高新郑。高拱出身官宦世家，父亲和祖父都在朝为官多年，对朝堂之中的暗黑斗争他从小就耳濡目染；另外他是嘉靖七年的举人、嘉靖二十年的进士，学问上没话说，完全可以胜任裕王的侍讲学士。

嘉靖一心修道的时候，阁臣们每次提及“储君”的话题都小心翼翼，生怕引起嘉靖的反感。尤其是嘉靖偏爱景王的母亲，更是让朝臣们心里没底，不知道喜怒无常的皇帝到底中意哪位皇子。到嘉靖四十四年（1565年），景王朱载圳去世，裕王朱载垕成为唯一有资格问鼎皇位的皇子，朝臣才不用费尽心思地猜度。尽管徐阶曾经当着嘉靖皇帝表露过自己支持裕王的意思，但在裕王心里，一个私交不多的首辅显然不如自己的老师更加可亲。

徐阶最初拉拢高拱入阁，确实有为自己找一位“小弟”的意思。他没想到高拱竟然不给面子，处处和自己唱对台戏，一点都没有初来乍到者的觉悟，一入阁就摆出一副以天下为己任的样子。这还不算，高拱仗着与内阁另一位阁臣郭朴同是河南老乡的关系，很快结成了“二人小团体”；次辅李春芳总是千年不变的老好人作风也让他气闷。高拱的目中无人、盛气凌人、咄咄逼人，一切的一切都平添了他的烦恼。

在旁人看来，徐阶拉高拱入阁是一种示恩，高拱却不这样认为。裕王登基之后，自己这位帝师入阁是迟早的事，即便没有徐阶的推荐，他也完全可以凭借自己的资历上位，所以他没有必要对徐阶感恩戴德。高拱还在裕王府邸的时候，就曾旁观内阁的纷争，他对严嵩和徐阶两位阁老的为人都不甚满意。在他看来，严嵩误国，下场凄惨是咎由自取，扳倒严嵩的徐阶未必就是好人，一个隐忍、精明到了极致的人根本就不配位极人臣。

在大明，有资格进入内阁之人无一不是在官场打磨了多少年的人精；能当上首辅的阁臣更不简单。哪怕是在旁人看来靠着拍嘉靖马屁登上高位的张璁、严嵩等人，也有其独到之处。道理徐阶早就知道，他当上首辅之后，感触就更深了。想把一件事做完美很容易，想把每件事都做得无可挑剔则是不可能的事。徐阶认为自己并非尸位素餐之人，每日为皇上分忧、为家国操劳还算尽职，至于拉拢了高拱这样一匹“白眼狼”入阁，他只能懊恼自己瞎了眼，但还没到撕破脸打破头的地步。

徐阶没动高拱，却有一个叫胡应嘉的言官动了。胡应嘉是一个很称职的吏科给事中，他恪尽职守、不畏强权，就任以来不少混迹官场多年的老手都被他寻到劣迹落得革职查办的下场。他曾经弹劾了一位叫李登云的工部侍郎，结果李登云被罢官了。李登云不可怕，可怕的是他的亲家是高拱。胡应嘉早就听说过高拱的暴脾气，现在高大人又入阁了，脾气肯定见长。为了保护自己，他决定先下手为强——向高拱开炮。弹劾内阁大学士，对他来说是一个全新的挑战。

他打听到嘉靖病危、高拱搬家到皇宫附近、高拱曾把自己在西苑值班室的私人物品搬回家、高拱趁值夜班的机会回家住等几件事，略加思索，几件事就综合成了一件事——皇上生病期间，身为重臣的高拱擅离职守并且将私人物品都搬回家，是何居心？如果这样的折子落到嘉靖手中，高拱肯定翻不了身。可惜的是嘉靖病入膏肓，这封奏折他根本就没有看到。奏折到太子手里转了一圈之后，又回到了高拱手中。

看着胡应嘉字字诛心的奏折，高拱直冒冷汗。他原本没当回事，被胡应嘉这么上纲上线地捅出来实在后怕。嘉靖没有力气追究，太子朱载垕无意追究，但是这件事也不能就此罢休，高拱需要给上面一个合理的解释。

高拱确实搬家了，也确实将私人物品带回家，也真在值夜期间回家过夜了，这些都是事实，无从反驳。他徒劳地解释说自己搬家是为了就近上班，拿回家的只是一些上班用不着的私人物品，另外就是家贫无子，偶尔回家照应一下老妻。他不解释还好，一解释反倒有了越描越黑的架势。一时间小道消息满天飞，什么高拱偷偷把皇宫的用品私带回家了，高拱没儿子，晚上回家私会小妾了，每一条都让高拱成为笑柄。

胡应嘉没有告倒高拱是意料之中的事，他可以再接再厉，继续寻找高拱的把柄。高拱却不能释怀，自己好好的名声被一个言官不痛不痒的一封奏折就败坏了，这个场子必须得找回来。他扪心自问，平时没有得罪过胡应嘉，这个言官为什么偏偏和自己过不去呢。当他看到胡应嘉向徐阶打招呼的时候，才想起来这两个人是同乡关系。这就不奇怪了，胡应嘉一定是得到了徐阶的授意才这么做的，高拱根本不去调查就这么认定了。

自己只是新入阁的大学士，资历尚浅，对付徐阶不成，但是罢免一个小小的吏部给事中还是没问题的。他连夜到郭朴的府上商量对策，问老乡对于反击徐阶有什么办法。郭朴表示同进同退的态度赢得了高拱的认可。静下心来的高拱决定从干掉胡应嘉入手，一步一步蚕食徐阶的力量。

饭要一口一口吃，路要一步一步走，打倒一个人也要一点一点地收集各种有利的证据。正当高拱全心全意准备对付徐阶、顺便拿掉胡应嘉的时候，嘉靖死了。这个道士皇帝的死亡把高拱原本很认可的一个同僚变成了对手。

嘉靖吃了几十年重金属含量严重超标的“仙丹”、穿了多年道袍之后依然没能羽化登仙，含恨将皇位传给了自己的儿子朱载垕。敬业是徐阶的优良品德，嘉靖驾崩的当晚他当然在场。让太监们疑惑的是皇上死了，徐阁老为什么急忙把自己的得意门生张居正召来，而不是通知其他内阁大学士一同商量操办嘉靖的后事。

徐阶这样做当然有他的用意。当时张居正还没有入阁，只是一个五品的翰林学士，尽管他已经被公认为才华出众，有治国平天下的能力，迟早会入阁，但是按照惯例，皇帝的遗诏都是由内阁大臣共同商议之后决定的，张居正一天没入阁，就一天没有这个资格。徐阶不在第一时间通知李春芳、郭朴、高拱等人，摆明了不把这些人放在眼里。

徐阶和张居正师徒二人抓紧时间连夜炮制了一份以嘉靖的口吻自述的《嘉靖遗诏》。在明代，遗诏不仅仅是盖棺定论，对逝去的帝王一生做一个总结，也承担了指示继任者治国的使命，意义重大。这份由徐阶授意、张居正亲自书写的遗诏充满了嘉靖对自己所作所为的否定，说自己一意追求长生，终日祈祷，忘记了身为皇帝的本职工作，这是不对的；他在病榻之中想要悔改却没有机会了，所以希望裕王继位之后不要向自己学习，凡事多听听顾命大臣的意见；至于丧礼也不要铺张浪费，一切从简就好；以前因为进谏被廷杖、被下狱的臣子们都是国之梁柱，还是官复原职吧；最后把这份遗诏公之于众，让天下人知晓我已经悔过了。

《嘉靖遗诏》的问世居然造就了普天同庆的效果，天下士子奔走相告这是天下之幸，万民之幸。还是这份遗诏，把徐阶的威望送到了顶峰，让其他的阁臣在失落之余对首辅多了敬畏之心。遗诏的最后一个功效是让张居正和高拱这对昔日关系还算不错的同僚彻底决裂，两人之间出现了无法调和的矛盾。

张、高二人曾同在国子监任职，高拱为国子监祭酒，张居正为国子监司业，一正一副，合作愉快。之后徐阶还把张居正送到裕王府邸担任侍讲之一，还是和高拱搭档，共同担当教导储君的责任。高拱一向自视甚高，但是和张居正共事多年，对这位比自己小十三岁的同事不敢轻视，曾有满朝文武只有张太岳能和自己相提并论的感慨！眼下徐阶快刀斩断张居正和高拱的一点情谊，就是为了把张居正牢牢绑在自己的战舰上。

内阁的大学士并不都是李春芳这样吃了亏也不抗议的老实人，高拱和郭朴得知嘉靖遗诏没让自己参与，立刻就不淡定了。他们质问徐阶为什么假托遗诏，毁谤先帝，为什么把严嵩父子甚至徐家父子干的坏事都归罪到先帝头上。

作为胜利者的徐阶很大度地原谅了郭朴和高拱的无礼。在辅佐朱载坖登基后，他继续担任内阁首辅一职，原本只是翰林学士的张居正有了顾命大臣的身份，也具备了入阁的资格。虽然他在内阁的排名靠后，但是首辅门生、新帝老师的双重身份让人不敢小觑。

朱载坖就是隆庆皇帝，他对昔日的几位老师都比较尊敬，尤其对高拱礼遇非常。皇帝的眷顾让高拱多少又找回了一些自信。

隆庆元年（1567）正月，一次例行的“京察”给了高拱打击胡应嘉的机会。京察是明朝针对京官最主要的考核手段，目的在于奖优惩劣，督促各级官员恪尽职守。正常情况下，负责主持考核的吏部官员应该严格按照“四格”“八法”的标准对官员进行考评，每个被考核官员的才干、操守、政绩、年龄、身体状况、个性特点等都在考核之列。经过严格的考评之后，成绩优秀者享有优先升官的权利；不合格者则有被降级或者直接开除的危险；另外年老体弱者也会被勒令退休。

所以每一次京察都有可能引发一场官场的大地震。各级官员为了保住自己的乌纱帽或者爬得更高，就会在京察之前整合所有的资源，向主持京察的吏部官员行贿或者施压。每到这个时候，吏部的相关人员都会承受相当大的压力，他们不但要看清楚哪个低级官员的背后站着哪位得罪不起的大佬，还要分辨出来这些人属于哪一个团体，这个团体的综合实力怎么样。要是一个不小心耽误了“不该耽误”的官员的前途，那么自己的前途也就堪忧了。

因此，谁来主持京察，谁就会成为当年政坛上的焦点，炙手可热的程度甚至超过内阁的大学士们。每次京察都让京官们如临大敌。这一次考核京官的主要负责人是大名鼎鼎的杨博，此公并没有入阁，但素有威名，除了首辅之外的其他阁臣见了他都要恭恭敬敬地叫一声“杨公”。

杨博雷厉风行地完成了此次考核任务，其中给事中郑钦和御史胡惟新都遭到贬斥。给事中和御史都是言官，胡应嘉起了“兔死狐悲”之心，想要为同行鸣不平。他发现在京的官员中，凡是山西籍的人都毫发无损，而杨博恰恰就是山西人，这就是漏洞！他自信满满地上疏了，弹劾杨博包庇同乡、为了泄私愤而罢黜言官。

奏折到了内阁，马上被高拱看出了破绽。原来胡应嘉身为吏科给事中，本身就有协助吏部尚书考核的职责。既然你早就看出了杨博的错误，为什么不早点指出来，偏偏等到京察结束了再上疏弹劾长官，是何居心？隆庆皇帝知道此事后也认为胡应嘉是一个奸诈小人，令内阁严惩此人。高拱特意拿着胡应嘉的奏折请徐阶处理，徐阶不便维护，只得同意将胡应嘉削职为民。

正当高拱以为自己在与徐阶这只老狐狸的竞争中小胜一局

时，言官们不干了。胡应嘉的人缘未必这么好，但他获罪的原因是上书言事，这就足以引发众怒了。他的同行们对内阁的判决极为不满，一致认为是高拱狭私报复所致，如此心胸狭隘之辈不配做内阁大学士。

在场的言官中，以兵科给事中欧阳一敬最有号召力，此人曾创下骂倒三品以上文武官员二十余人的记录，人送绰号“骂神”。身为言官的精神领袖，欧阳一敬当仁不让地率先发难了，他用激烈的言辞上疏弹劾高拱，将高拱比作宋代大奸臣蔡京。他还说胡应嘉不惧高拱、杨博等人的淫威，应该受到表彰而非被革职。如果皇帝非要贬黜胡应嘉的话，就连我这样的给事中也一同贬了吧。

有欧阳一敬打头阵，其他言官还有什么好顾忌的？他们纷纷上折子为胡应嘉求情、向高拱开炮。高拱忍无可忍，就请徐阶出面处罚这些言官。徐阶哪肯应允，只说风闻奏事是言官的权力，他们上疏为同僚伸冤也是分内之事，咱们身为阁臣不能打击他们的积极性。

好商好量行不通，高拱也开始了反击。徐阶再有本事，总不能收复所有的言官为己所用吧。高拱也有门生隐藏在言官队伍当中，御史齐康就是他的人。齐康不忍看到老师受辱，奋不顾身地跳出来反击了，他也上疏弹劾徐阶专权任事、为人阴险、御下不严，其子弟、家丁为害一方，等等。

被齐康参了一本之后，徐阶只是稍稍辩解了几句就说自己确实没有管好子弟，向隆庆皇帝请求告老还乡。以退为进是朝中大佬们常用的把戏，虽说隆庆不太灵光，也知道这个时候应该好言挽留，说大明实在离不开徐阁老。

齐康的马蜂窝捅大了，他没有预料到此折一出，不但言官们集体反对，六部的官员也都义愤填膺，纷纷指责齐康助纣为虐，陷害徐阶。闹到最后，徐阶不但没有辞职，连胡应嘉也被保了下来，不过是从京城挪到地方继续做官罢了。

损失最大的还是高拱，他的名声彻底败坏了，不辞职简直难以平息众人的愤怒。每天一上朝，看到的都是愤怒的面孔，高拱的心情可想而知。他疲惫之极，提出了辞职。隆庆挽留之后，也知道老师只有辞职归乡才能让满朝文武闭嘴，终于点头同意了。高拱走后，郭朴也失去了继续留在内阁的兴致，告老还乡了。

据说高拱离京的时候，所有的门生故旧为了避嫌都不敢前来相送。一个胆大的门生冒险送他到了潞河坐上船，洒泪作别，之后这位门生很久都没有升迁。高拱回家的路上经过某郡，该郡守不但没有把他当作致仕的高官好生款待，反而冷言冷语，饱尝人情冷暖的高拱对徐阶愈发憎恶。

内阁少了高拱这个搅局的人，终于消停了下来。纵横朝堂几十年，徐阶第一次产生了归隐之心。看到张居正顺利入阁，也算了了一桩心事。他对目前的状态非常满意，决定再过一段时日就主动辞职，回到松江老家做一个含饴弄孙的富家翁。

隆庆二年七月，沉寂了很久的朝廷冒出一个不和谐的声音，有人弹劾徐阶。一个叫张齐的户科左给事中上疏弹劾徐阶的势力过于庞大，天下人只知徐阁老不知有皇帝。这个帽子扣得太大了，徐阶再有本事也不敢认这个罪名。他知道隆庆表面上对自己恭敬有加，内心还是和高拱亲近。现在被人质疑功高盖主，自己确实不应该继续留在朝廷了。张齐的弹劾给他提了个醒——退休的时间到了。

徐阶的辞职来得毫无征兆却又不容置疑，所有人都能感受到徐阁老是真的要归隐了。这一次所有人的挽留都没有奏效，徐阁老真的回老家颐养天年去了。可惜他平静的退休生活只过了一年，就被海瑞给终止了。

海瑞到徐阶的老家做巡抚，一上任就清查田亩，所有的大户都是他大力清查的对象。说起来，海瑞还是在徐阶的照顾下提拔起来的官员，不过海瑞不肯领情罢了。经过查证，徐阁老竟然是松江府最大的地主。海瑞也难得婉转了一次，给徐阶写信让他把家里多余的田亩退还给国家，就不追究以前的责任了。徐阶觉得既然海瑞肯写信和自己商量，就说明事情还有转圜的余地。他在回信中就讨价还价，说退一半行不行，家里一大家子人还指着这些田地养活呢。海瑞不肯通融，徐阶也没有办法，两个人就是否清退田亩的事情僵持起来。徐阶在朝中的门生们开始上疏弹劾海瑞，以分担老师的压力。

他们在松江府争得热闹，北京城里的隆庆皇帝却下了一道敕令，招高拱还阁。朱载坖到底没有忘记自己的老师。高拱可以高调回来了，不是简单的还朝，而是还阁！也就是说，内阁还为他留着一个宝贵的位置。

高拱重新掌权，徐阶的好日子算是到头了。为了表示对老师的歉疚之意，隆庆不但让高拱重新进入内阁，还把吏部尚书的重要位置留给了他。高拱能够这么快就翻身，张居正在背后没少发力。原来徐阶走后，内阁李春芳成为首辅，其他人诸如陈以勤、殷士儋等人也都小小地进了一步。原礼部尚书赵贞吉入阁，成了其他几位阁臣的噩梦。一来赵贞吉是嘉靖二十年的进士，比李春芳、张居正、陈以勤等人资历都老，对这几个人总是不太尊重；另外赵贞吉还监管都察院，朝中最为凶狠的言官们都在他的麾下，别人也对他多了几分敬畏。张居正将高拱请回来，不无牵制赵贞吉的意思。

论资历，高拱与赵贞吉同年；论职权，高拱主抓官员升迁的吏部，一点都不比都察院势弱。果然高拱回来之后，马上就压过了赵贞吉的气焰，以前他就不怕李春芳，现在圣眷正隆，更不把别人放在眼里。三下五除二收拾了内阁之后，高阁老把眼光放在海瑞和徐阶的争执上。他对海瑞的做法明贬实褒，支持其继续对江南豪强加以惩治。大地主徐阶当然在被惩治的行列当中。

县官不如现管，徐阶曾经权倾天下，到底没能斗过刚猛无比的海瑞和一心报仇的高拱。徐阶败了，得罪了满朝权贵的海瑞也被罢官了，高拱终于扫平道路，在隆庆的支持下实现自己的政治理想，“隆庆新政”开启了一段崭新的高拱时代。

5. 内外联手所向无敌

隆庆六年（1572年），三十六岁的朱载坖因病去世，年仅十岁的朱翊钧继位，是为明神宗，年号万历。隆庆临终之前把儿子托付给自己最信任的高老师，所以高拱既是顾命大臣又是内阁首辅，权柄之大，无人可及。除了高拱之外，内阁大学士张居正、大学士高仪和司礼监掌印太监冯保也都是隆庆托孤的对象，不过因为高拱太强势了，他们的光芒就不那么明显。

张居正也是个以天下为己任的主儿，暂时居于人下可以，让他当千年老二绝对不行。可是他按部就班往首辅的位置上前进的话，没有十几二十年的工夫不行。想在同样强势的高拱手下熬出头是不可能了，他只有另辟蹊径，在新皇帝身上下功夫。他和高拱的执政才能不相上下，但城府之深却远超高拱。

张居正和高拱在国子监、裕王府共事时曾因互相了解而惺惺相惜；嘉靖驾崩时张居正被徐阶拉过来写遗诏，令他和高拱之间产生隔阂；隆庆在位时高拱的目中无人和对徐阶及其家人的无情镇压把张居正彻底推到了对立面。表面上高拱是首辅，新皇帝朱翊钧应该多听听他的意见。实际上，朱翊钧对霸气外露的高拱并没有多少亲近感，他最信任的还是看着自己长大的“大伴”冯保。高拱和张居正也都知道这一点，但他们对待冯保的态度却是截然不同的。

高拱看不起太监，哪怕冯保已经是司礼监的掌印太监，高拱也不屑对他假以辞色；反倒是张居正，从来不因为冯保是太监而轻慢，两个人的相处十分融洽。有了冯保这一层关系，万历的耳朵中听到关于张居正的好话总是比高拱的多。

高拱虽然脾气大、性子直，但执政能力确实强，他知人善任、勇于革新，这些都不能抹杀。不过高阁老对挡自己路的人向来不留情，专权与跋扈的气焰也随着他地位的稳固日益高涨。张居正亲眼看到李春芳、陈以勤、赵贞吉、殷士儋等人一个接一个地被高拱挤出内阁，知道自己如果不反抗，迟早也是同样的下场。他一直在寻找干掉高拱的机会。不管心里面多么讨厌高拱，张居正的表现都是无懈可击的。平日他对高拱恭恭敬敬，首辅安排的工作也完成得一丝不苟。说到底，他是讲究智斗的人，对赤膊上阵不屑一顾。而殷士儋当年被高拱挤走之前想和高拱打一架来着，还是张居正拦住，才没让山东大汉的拳头落到高拱的身上。

朱载垕是高拱的坚定支持者，他的儿子朱翊钧却是张居正一手调教出来的。

万历登基之后，最先向高拱发起挑战的是皇帝的“大伴”冯保。冯保在宫中的地位很高，在隆庆年间就是司礼监的秉笔太监，其地位仅次于掌印太监。掌印太监的位置腾出来以后，冯保是最有资格接任这一职务的。但是高拱不喜欢冯保，硬是插了一手，将另一个太监陈洪扶到了掌印太监的位置上。冯保由此记恨高拱。后来陈洪下台，又是高拱出面干涉，让冯保再一次与掌印太监一职擦肩而过。直到万历登基，冯保才根据《遗诏》升任掌印太监，饶是高拱不相信遗诏是隆庆的本意也没有办法了。

为了限制冯保的权力，高拱想了一个办法——限制司礼监的权力。他认为只要司礼监的权力受限，冯保就是有再大的野心也是白搭，这样做也能防止日后出现王振、刘瑾那样的超级大宦官。这个建议不是内阁决定了就能算数的，还得请皇帝批示之后才具备法律效益。皇帝是十岁的朱翊钧小朋友，他小小年纪哪里懂得治国之道，还不是“大伴”和太母代为批复。

果然，高拱的奏折到了司礼监之后，冯保一看就知道是冲自己来的。他大笔一挥，写上“知道了”，还派人告诉高拱这是皇上的意思。高拱很郁闷，他明知道自己的奏折递上去也是白搭，但他还是很生气地说了十岁的孩子懂什么之类的牢骚话。大家都能理解高拱的本意是在说皇帝不会这样轻慢自己，一定是有奸人在误导皇帝。冯保立刻抓住这句话大做文章。

看到冯保和高拱的斗争，张居正的心情有点复杂。虽然说

“两虎相争，必有一伤”，但是伤者不一样，结果也会大相径庭。如果冯保赢了，一切都好说，谁让张大人和冯公公关系铁呢？万一高拱赢了，那就大大不妙了。有冯保在内廷的牵制，高拱在内阁还如此飞扬跋扈，没了冯保的牵制，简直不敢想象高拱能牛气到什么程度。冯保与张居正秘密碰头之后，又回宫和李太后商量了很久，制订了“倒拱”的计划。

高拱这边被人抓住了把柄犹不自知，还在鼓动六科给事中一起上疏弹劾冯保、裁抑司礼监的权限呢。自从和胡应嘉结下梁子之后，高拱就开始重视言官的力量。回京之后他刻意拎拢了一些言官，现在是这些人派上用场的时候了。

言官们痛心疾首地呼吁司礼监的权力不能太大，太监不能干政的祖训犹在耳边！冯保听到言官们对自己的攻击，手中的狼毫饱蘸墨汁以两位太后的口吻写下中宫的懿旨。李太后是万历的生母，陈太后是隆庆的皇后，也还健在。懿旨的大意如下：高拱欺人太甚，专政弄权不算，竟然说出“十岁孩子懂什么”的妄语，你打算置我们孤儿寡母于何地？留着你在京城，我们母子三人将寝食难安，你还是回新郑老家吧，京师不是你久留之地。

这不是圣旨，但是在皇上亲政之前，懿旨比圣旨还管用，何况是两宫懿旨呢。被两位太后厌恶至此，高拱还有什么脸面留在京城？他听完懿旨后连夜收拾行李，第二天就踏上了归途。回去之后高拱辗转反侧，在病榻之上终于想明白自己被迫离京一定少不了张居正的影子。是张居正和冯保里外呼应，才打了自己一个措手不及。后悔已然晚了，他把这件事写在《病榻遗言》上，算是抒发了自己内心的愤懑。

高拱一走，张居正自然成为内阁的老大。另一位阁臣高仪看到内阁中人一个个穷尽一生的力量进入这个权力中枢，有好下场的却没有几人：从张璁、夏言到严嵩、徐阶，又到高拱哪一个不是权倾一时？最后还不是被人整得灰头土脸？李春芳那样的老好人也不行。忧思过虑的高仪生病回家休养了，最后郁郁而终。他的经历给后面的大臣们提了个醒——内阁有风险，入阁需谨慎！

高拱回家之后不久，宫廷发生了一件比较悬疑的“王大臣事件”，将高拱、冯保、张居正三个人的不和再一次暴露出来。

王大臣是人名，不是官位。万历元年（1573）正月二十日早晨，浓雾，王大臣携带刀剑出现在万历上早朝的途中。他还没有来得及做什么动作，就被勇悍的皇家侍卫队拿下了。一个身份不明的人携带管制刀具出现在皇宫，这还了得？所以王大臣被抓之后，马上就被送进东厂审问。

东厂是冯保的势力范围，按说这个专业特务机构刑讯逼供的手段是很全面的，应该能审出不少东西。可是王大臣除了招认自己的姓名，只肯承认自己是戚继光手下的逃兵。除此之外，东厂一无所获。

戚继光是边关守将，是张居正重点提拔的人才。王大臣的逃兵身份有点不妙，如果被有心人做文章，对张居正来说也是一个不小的麻烦。既然王大臣什么都不肯招，那就替他找个意图行刺皇帝的理由吧。张居正和冯保仔细协商之后，形成了一个针对高拱的完美计划。“斩草除根”是张居正的强项，想到上一次徐阶只是把高拱赶回老家，给了他二次出山的机会，眼下有王大臣行刺事件，一定得好好利用。

东厂的审问有了结果，王大臣是受退休阁老高拱的指使前来刺杀万历皇帝的。此结果一出，满朝皆惊。曾经被给事中胡应嘉弹劾的大佬杨博又出现了，他要替高拱说话。杨博与高拱没什么关系，但他与王崇古是儿女亲家，王崇古又是高拱为数不多的朋友。他质疑东厂审讯的结果，怀疑王大臣是被屈打成招的，建议三法司重新会审此案。杨博的面子不能不给，三法司接管了王大臣，结果这家伙又改了供词，说自己不认识高阁老，是冯保承诺让自己做大官才这么说的。案子没法审下去了，再问说不定冯保、张居正都会被王大臣咬上一口。

最后王大臣被处死，高拱安然无恙，冯保和张居正却被人猜测了很久。碍于两个人的位置太过显赫，才没有人敢继续追究这件事。

黄崖关遗址，戚继光曾镇守于此

张居正和冯保联手之后，几乎所向披靡。在绝对的实力面前，有心反对他们的人不敢有一丝一毫的暴露。张居正放开手脚实施“一条鞭法”等谋虑了半生的执政理想，带来了万历初年富裕、繁盛、强大的十年。万历长大之后，就不会由着一个太监和一个内阁首辅完全操纵自己的国度了，不过那时候冯保和张居正相继去世。万历要收拾，也只能收拾后来者了。

本章主要登场人物：

1. 夏言，明代政治家，因议礼受宠，擢内阁首辅，后失宠，遭到严嵩构陷。

2. 徐阶，内阁首辅，与严嵩同事十余年，小心谨慎，扳倒严嵩。晚年对子弟约束不严，遭到海瑞查办。

3. 严嵩，明代六大奸臣之一，63岁起担任内阁首辅，权倾朝野二十年。

4. 杨金英，宫女，“壬寅宫变”代表人物，因不满嘉靖暴行，欲将其勒死，未遂，被凌迟处死。

5. 严世藩，严嵩之子，被称为嘉靖第一鬼才。

6. 曾铣，明朝边将，曾任三边总督，志在复套，与夏言一起入狱。

7. 仇鸾，明朝边将，曾任甘肃总兵，被曾铣弹劾入狱，后依附严嵩诬陷曾铣，得到升迁。与严嵩争宠失和，被杀，死后被开棺戮尸。

8. 沈炼，官员，有锦衣卫经历，因弹劾严嵩被杀。

9. 杨继盛，明代著名谏臣，因疏劾严嵩而死于狱中，民间风评极高。

10. 朱载圳，朱厚熜第四子，被封景王，与朱载垕争太子之位。

11. 朱载垕，明穆宗，明朝第十二位皇帝，年号隆庆。继位前被封谷王，地位遭到景王的威胁。在位期间得到高拱、张居正等人的辅佐，政治上较为清明。

12. 蓝道行，明朝著名道士，由徐阶推荐给嘉靖，助其修道。蓝道行曾在嘉靖面前揭发严嵩，遭到报复致死。

13. 高拱，内阁首辅，为人强势，朝中多树敌。

14. 胡应嘉，言官，因弹劾高拱出名。

15. 张居正，明朝内阁首辅，著名政治家，改革家，为万历皇帝所忌，去世后被抄家。

16. 李春芳，内阁首辅，因善写青词而得到嘉靖皇帝的赏识。

17. 郭朴，明代阁臣，与高拱同时入阁。

18. 杨博，明代名臣，深受嘉靖皇帝倚重，位高权重，在朝中颇有影响力。

19. 欧阳一敬，明代著名言官，曾弹劾高拱，导致高拱罢官。

20. 齐康，明代言官，高拱的门生。

21. 海瑞，明代著名清官，有“海青天”之誉。

22. 冯保，明朝权宦，与张居正交好，有较高的文化素养。

23. 朱翊钧，明神宗，年号万历，明朝第十三位皇帝，也是明朝在位时间最长的皇帝。

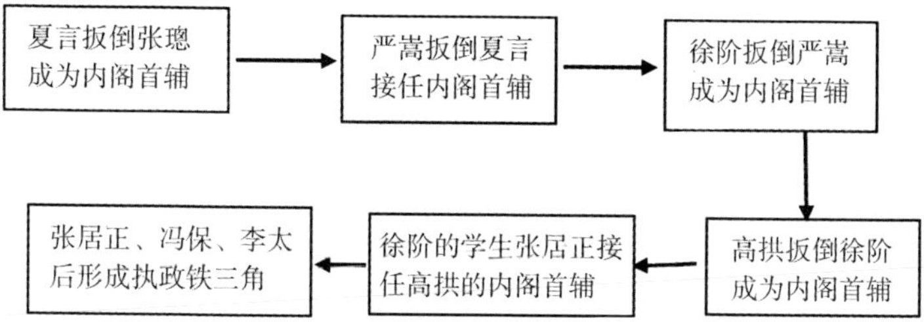

嘉靖年间首辅更迭关系图

第七章　文人结帮最可怕

1. 明朝官员考核中的“猫腻”

万历二十一年（1593年），京城的大小官员们在忐忑与期待中迎来了六年一度的京察。

这次主持京察的人是吏部尚书孙鑨、吏部考功司郎中赵南星和左都御史李世达。这三个人都是久经考验的官场老手，应付京察对于他们来说是小菜一碟。三个人不但想借此机会好好清理一下官僚系统内部的滥竽充数者，还有一个不为人知的目的——向内阁开炮，挑战内阁的无上权威。

自从太祖皇帝朱元璋废除宰相制度以后，明朝的政治框架就以六部为主。即便成祖朱棣启用内阁，也不过是找几个翰林学士做自己的秘书罢了，根本就没有给予内阁多大的权力。内阁大学士们经过争取，才让内阁逐渐凌驾于六部之上，成为王朝当中除了皇权之外最为显赫的权力机构。

六部之中，又以吏部最为“委屈”。本来他们掌管着官员晋升、罢黜的大权，风光无限。可是随着内阁权柄的不断扩大，吏部的职权范围越来越小。尤其是张居正全面主持国家政务以后，更是将吏部的职权范围缩减到了最小。很多时候，吏部几乎成了内阁的附属品，稍微大一点儿的人事任免都做不了主。孙鑨、赵南星他们打算向内阁讨回本该属于吏部的权力。

吏部尚书孙鑨的风评还不错，官员们对他的畏惧还不如吏部的另外两个“办事员”——赵南星和顾宪成。这两个人是都四十多岁，是此次京察中负责具体考核的工作人员。赵南星的名声很大，顽固、认死理，据说很少有人能使他做出徇私之事；顾宪成也很有名，他学问不错，再加上多年以来一直在吏部工作，掌握的人源相当广，没有人敢轻易得罪他。

京察一开始，孙鑨先拿下了自己的外甥吕允昌，赵南星也不甘落后，拿下了自己的亲家王三余。两位主持人如此大刀阔斧、铁面无私至少有两个好处：第一，堵住了想走后门的人的退路；第二，就算他们的下一刀落到内阁大佬的门生身上，大佬们也不好意思发难了。毕竟人家做得够绝，早早就使出了“杀敌一千，自损八百”的狠招。

果然，吕允昌、王三余落马之后，内阁首辅王锡爵门下的几个言官都被降职处分；次辅赵志皋也被攻击了，他的亲弟弟被免职。与此同时一些风评不太好的官员纷纷落马。孙鑨等人认为自己精心谋划的动作没有出现什么大的纰漏，京察本就是一个能者上、庸者下的机会；吏部也肩负着整顿吏治的责任，趁此机会拿下一些人、擢升一些人天经地义。可是，在吏部认为理所应当的事情到了内阁，却引起了极大的不满。

内阁的大学士们最气愤的不是几个人被贬官，而是这样的大事竟然没有经过自己的同意。这是吏部对内阁无上权威的挑战。内阁大学士们一致通过，要让吏部为此付出代价。

京察正月开始，二月结束，持续了一个多月的时间。其间内阁一直按捺着没有找吏部的麻烦，让孙鑨、赵南星、顾宪成等人以为这招瞒天过海的计策已经成功。到了三月，吏部诸人闹心的日子开始了。

先是兵科给事中刘道隆上了一道奏折，弹劾了三个人，其中两个来自兵部职方司，该部门的员外郎杨于廷和主事袁黄都“折上有名”，剩下的一个人就是吏部的稽勋司员外郎虞淳熙。孙鑨身为虞淳熙的上司，不免为自己的下属说了两句好话。刘道隆马上连孙鑨一并弹劾了，一口咬定吏部尚书这样维护虞淳熙是在培植自己的党羽。万历对此事很重视，让孙鑨给他也给内阁一个合理的解释。

赵南星没能置身事外，他被视为孙鑨的“党羽”，一起被弹劾。

顾宪成挺身而出，写信给内阁首辅王锡爵，就孙鑨、赵南星等人的问题展开了辩论。不过他的辩论一点效果都没有，王锡爵也好、万历皇帝也好，都不领情。既然内阁已经打算对付孙鑨了，那么无论他怎么解释都没有用。在内阁的推动下，孙鑨受到了罚俸的处置；作为孙鑨的党羽，吏部考功司员外郎赵南星就没这么好命了，他不仅被连降三级，还从京城被贬到外地为官。

左都御史李世达看到孙鑨和赵南星被处理，认定是京察惹的祸。他也是主持人之一，说不定就会成为下一个被秋后算账的目标。他认为与其坐以待毙，不如主动出击，于是上疏替赵南星鸣冤。李世达出手之后，与吏部走得比较近的一些官员也都伸出了援手，佥都御史王汝训、通政魏允贞、大理寺少卿曾干亨、礼部郎中孔兼、陈泰来、礼部主事顾允成、张纳陛等人相继上疏，说内阁处事不公：首辅王锡爵因为自己的门生在京察中不合格而迁怒于考功司的赵南星。

高高的一摞为赵南星求情的折子被送到了万历面前，让刚刚收拾完张居正的皇帝大怒。他连清算强势的首辅张居正都坚定不移，当然不会为赵南星这样一个小小的吏部郎中犹豫不决。让万历恼火的是竟然有这么多人上疏为赵南星为辩护，分明就是结党营私。

众多求情的折子当中，还夹杂着孙鑨的一封辞职信。孙鑨为了保住赵南星，不惜以辞职相要挟。万历对孙鑨还算客气，对其他人可就没有这样的好脾气了。他把上疏为赵南星求情的人都“照顾”到了，以“朋党罪”论被贬出京，像陈泰来这样言辞激烈的，干脆发配到边疆。

孙鑨年近七十，做了这么多年大明的官员已经够本，他把名声、面子看得比官职重要。既然皇帝不许他辞职，他就称病不上朝，回到家里继续写辞职信。一封接一封的辞职信递上去，让万历烦不胜其烦。当孙鑨写到第十封辞职信的时候，他的请求终于得到了批准——可以回家养老了。至于刘道隆最初弹劾的几个人也全都一个不留，被削职为民。至此，京察事件告一段落，吏部元气大伤，内阁在士大夫中间的名声受损，双方各有损伤。

2. 仕途失意人大聚会

“风声雨声读书声，声声入耳；家事国事天下事，事事关心”，这副著名的对联就出自东林书院顾宪成之手。纵观顾宪成的一生，也确实如对联一般，什么事情都放在心上。

顾宪成是江苏无锡人，万历八年（1580年）的二甲第二名，中进士后一直在京城做官。不是每个中进士的人都能等到入阁的一天，最起码才子顾宪成就没有那样的机遇。他入仕后一直在六部打转，从主事一直做到了员外郎。员外郎也不过是六部的中层领导，每个部门都常设四位员外郎，上面还有郎中、侍郎和尚书。

顾宪成脾气直、骨头硬、胆子大，谁都不怕，谁都敢惹，偏偏人缘还很好。他的硬气与海瑞有三分相似，但他的社交能力是海瑞拍马都赶不上的。如果说海瑞的耿直和强硬是一种不肯变通的固执，那么顾宪成的硬气更像是他为自己贴上的一张标签，以结交更多志同道合之人。

当年张居正做首辅权势滔天的时候，顾宪成就敢不买账。一次张居正抱病，群臣为了讨好张居正为他祈福，有同僚看到顾宪成不“懂事儿”，就帮他把名字写在了为张居正祈福的名册上。顾宪成知道后，把名册要了过来，直接拿毛笔把自己的名字划掉了。他的这一举动固然得罪了张居正，却为自己赢得了不畏权贵的好名声。而且当时张居正与顾宪成的地位相差甚远，两者根本就不在同一个层面，顾宪成也不担心张居正会挟私报复。

万历十五年（1587年），顾宪成曾因为参与京察案而遭到贬黜。当时都御史辛自修负责考核事宜，因为没有彻底贯彻执政大臣的意图而被罢官。顾宪成为辛自修鸣不平，被万历下旨责备，贬到桂阳做判官。本次京察之前，他又调回到了京城，并积极参与到考核之中。

考核中被罢黜的官员表面上看各部都有，仔细看却是与内阁交往过密的人居多。能让吏部主动与内阁交火，顾宪成“功不可没”。他的活动能力非常强，强到可以影响顶头上司在重大决策上的决定。当孙鑨和赵南星首当其冲被革职、斥退时，顾宪成也在第一时间递上辞呈。不过他的辞呈没有通过，等赵南星等人离朝之后，他还升职为吏部文选司郎中，直接参与朝中官员的升迁调动。

因为过人的学识、直言敢谏的性格和工作岗位的特殊性，顾宪成在官员中有着很高的声望。他在“争国本”一事中立场鲜明地支持皇长子朱常洛引起万历的反感。万历二十二年（1594年），内阁首辅王锡爵致仕以后，万历命吏部推荐新的首辅候选人。新任吏部尚书陈友年就与顾宪成一起拟定了一个首辅候选人名单，但是名单上的人都是万历讨厌的类型。尤其是顾宪成提名的前首辅王家屏更是触怒了皇帝，不但王先生没有入选，他这个推荐人也被万历削去官职，赶回老家。

万历对顾宪成的处置激起了士大夫群体强烈的反弹。在他们眼中，顾宪成是不畏强权的代表，是直言敢谏的英雄，这样的人是国家的栋梁而不应该被革职为民。朝廷内外的读书人都上疏挽留顾宪成，万历坚决不予批复。这下，顾宪成彻底无官一身轻了。不过，他并没有因为“下野”淡出人们的视线，反倒名声暴涨，关注他的人比在职时还多。

对于善于运作的人来说，关注度也是一种资本，运作得当会形成一种左右舆论的力量。顾宪成就是懂得把外部关注转化为内部力量的人。他趁热打铁，回到老家经营起了东林书院。

东林书院位于无锡城东、东林庵的旧址之上，创建于北宋年间，是洛学大师杨时长期讲学的地方，人文气息浓郁。到顾宪成被革职的时候，书院基本上处于废弃状态。废书院这事与前首辅张居正大有关系。张居正痛恨各地的书院议论朝政得失，下了一条“毁书院、禁讲学”的命令，全国六十多处书院遭到禁毁。随着张居正死后被万历清算，各地的书院们才有了重整旗鼓的机会。

顾宪成和弟弟顾允成发起修缮东林书院的倡议，得到了常州知府欧阳东凤、无锡知县林宰的资助。两位县官不过是动动笔杆，拨了一笔专款给书院，不花私人一分钱就得到了慷慨的名声和士子们的赞誉，可谓深得官场三昧。顾宪成兄弟二人出任讲师，他们还邀请了同样被革职的赵南星、高攀龙等人在这里讲学。

讲师们是从京城回来的大知识分子，号召力相当强。他们不断地邀请社会上有影响的名流前来书院讲学，南方的学子们都将书院视作心中的“圣殿”。很快，更多被贬斥的官员都以来书院讲学为荣，他们在这里针砭时弊、畅所欲言，将在朝为官时的各种暗黑都暴露出来，追求精神上的纯洁和口舌上的痛快。

书院大力宣扬反对独裁的观点和宁为玉碎不为瓦全的人格精神，引得士大夫们争相攀附，培养出一大批忠实的信徒。就连在朝的一些官员也乐意与东林书院结交，偶尔过来客串一下教授的角色，享受被一大群年轻学子崇拜的成就感。“读书、讲学、爱国”成为东林书院的招牌，在全国范围内引起了响应。这里逐渐成为一个议论国事的大沙龙。一群名士、一方学子再加上出资支持他们的江南士绅、朝中故旧，围绕着东林书院竟然渐渐形成一股不小的政治势力。

万历三十二年（1604年）十月，东林书院已经颇具规模。以顾宪成为首的“东林八君子”发起了一场“东林大会”，还制定了《东林公约》，规定每年举行一两次大会，每月举行一两次小会。这个有据点、有组织、有公约的团队愈发正规起来，有人就担心地说这又是一个朋党。

作为书院，想要深度参与政治，一定要有鲜明的口号和政治主张，使自己在道义上立于不败之地。东林书院就把廉洁奉公、整顿吏治、革除积弊、杜绝贪纵等普通民众最支持的事情当作自己的政治目标，得到了社会各界的广泛支持。

在天下士子的心中，东林代表着“清流”，是世俗中最不肯向权贵妥协的力量。在朝的官员当中不乏东林书院的盟友，正准备入仕的学子们更是书院的忠实信徒。院长顾宪成的名声越来越响，不断有人上疏向万历建议重新起用他。

万历三十六年（1608年），万历终于同意让顾宪成重归仕途，封他为南京光禄寺少卿。顾宪成非常牛气地拒不上任，说自己无心仕途，只想做一个乡下的教书先生。

光禄寺卿掌祭祀、朝会、宴乡会酒醴膳羞之事，算不得显耀部门，少卿也只是光禄寺的副官而已。京城的光禄寺尚且如此，何况南京的。已经隐然有了“士林盟主”地位的顾宪成根本就看不上这样的小官，如果给他一个内阁大学士的头衔，想必就是另一番光景了。

站着说话不腰疼，是东林党人还没有在朝中占据重要职位时的典型心态，他们毫无顾忌地谈论时政，仿佛每个人都具备管仲、乐毅那样的经世之才；当他们的盟友叶向高大学士做上内阁首辅之后，东林书院的学风悄悄发生了改变。他们不再热衷于纸上谈政，而是把更多的精力放到争取朝廷某个具体位置或者某一条法令该不该颁布的官场争斗当中。

3. 利益当头，皇帝靠边

洪武年间，朱元璋规定了天下需要上税的田亩数是八百万亩，需要收上来的田赋为两千七百万石。以后不管时代如何发展，人口如何增长，政府开支如何增加，国库的税收都没有一丝一毫的增长。谁要是敢提一句加赋，就会被人们骂得体无完肤。

骂人的都是不当家不知柴米贵的，他们无法体会户部和皇帝“巧妇难为无米之炊”的急迫心情。眼看着商业人口越来越多，商税却还是象征性地只收那么一点点，征收商税迫在眉睫。

东林党人大都出身江南的大家族，书院的支持者也以缙绅为主，所以他们当权之后就不遗余力地维护缙绅这个既得利益集团。如果朝廷的规章制度触及这一集团利益，他们会毫不犹豫地向朝廷开炮，而且每次都能找到冠冕堂皇的理由。

就拿征收商税来说，这一条就大大影响了东林党人及其身后各大家族的财源，遭到了东林党人的坚决抵制。自明朝中期开始，整个国家的经济重心已经从农业转移到了商业上，但国家税收的主要来源还是农业税。把持商业的都是缙绅或者缙绅的代言人，他们当然会全力阻止国家向商人征税。所以到了万历年间，

万历十六年银锭

商税还是以前规定的三十税一，没有丝毫的提升。

万历怠政不假，但不爱理政不等于他什么都不懂。这个学习祖父二十多年不上朝的皇帝分明看清了，如果一味增加农业税，只会官逼民反。皇帝“仁慈”，不忍心向小民加税，就要向豪门大户开刀。放眼全国，最有钱的人非江南的商人莫属，只有征收商税才能缓解国库的危机。

徽州地区的《歙县志》就记载了很多当地富商，其资产从十多万到百万不等，时人笔记也说江南地区没有数十万两家产的人都不好意思说自己是有钱人。

明朝的商人都不是单纯的商业经营者，他们往往以官商的面目出现。稍微弱势一点的也依附于某个官员，借助官员的力量以保证自己获取更多的利益。以东林党为首的文官集团可以说是明朝商业的幕后力量，所以当万历决定派遣宦官到全国各地（重点是江南地区）征收商税的时候，引起文官集团的强烈反弹。

矿税也是如此。万历皇帝是个比较贪财的皇帝，他总觉得国库空虚，需要广开财路。采矿是一项不错的生意。他向全国各地派出很多的矿监、税使监督开矿，收取税款，将所得的金银充为内帑。这一举措就遭到了东林党人的强烈反对。

万历十二年（1584年），北京郊区的房山县传出有矿藏的消息。万历想开采，却被内阁压住。过了几年，又有不少地方传出有矿的消息，内阁还是阻止万历开采。到了万历二十七年（1599年），宁夏、朝鲜、播州三次大的军事行动耗费帑金无数，导致国库空虚；而宫内的两宫三殿又遭火灾，需要修补，资金的缺口更大了。现实逼迫万历皇帝不得不花费更多的精力来考虑赚钱。

明朝皇帝用太监到全国各地征税不是万历的首创。正德年间就有过先例，当时宫内开支增加，宫廷财政出现赤字，户部又不肯支持皇帝的超额支出，正德只好另辟财源。万历的状况与正德差不多，他也想绕开户部，自己派人到外面去开矿、收税，补贴国库。

内阁知道国库有多“干净”，也不再强硬干涉万历开矿谋财的举动，对派出的税监们也持睁一只眼闭一只眼的态度。如果太监们能收上钱来充盈国库再好不过，如果收不上来，挨骂的也是皇帝和太监而不是内阁与六部的各位文官。

“东林八君子”之一的高攀龙就写了一篇《上罢商税揭》，说：“加派之害以税计，商税之害以日计。商税非困商也，困民也。商也贵买，绝不贱卖，民间物物皆贵，皆由商算税钱。夺民之财，非生财之道也；生财之道，生之，节之，两端而已。”

这番话很明显是危言耸听，刻意夸大征收商业税的危害。按照高先生的见解，政府收税本身就是一种错误，想要国库充盈，只要“节流”就行了，至于“开源”休要再提。据说高攀龙家是无锡的地主，从他的高祖父开始家中就广有田产，其祖父和父亲都是亦官亦商。他罢官后来到东林书院讲学，道德文章都是士子心中的楷模，一言一行都极具影响力。这样一位“明星”学者为商税辩解，自然能引发很高的关注度。

还有一个叫李三才的文官，也上疏控诉征收矿税的不当。他在《请停矿税疏》中写道：“陛下为斯民主，不惟不衣之，且并其衣而夺之；不惟不食之，且并其食而夺之……皇上欲为子孙千万年，而不使百姓有一朝一夕？”意思是说皇上您只知道替自己的子孙聚财，怎么就不为老百姓考虑考虑呢？您的江山想要千秋万代传下去，却让百姓的日子一天比一天难熬，这样下去肯定会出大问题的。与高攀龙一样，李三才大人不但是东林党的骨干分子，同时也是一个商业家族培养出来的官场代言人。

万历二十七年，李三才以右佥都御史的身份总督漕运。到运河收税的太监们很不得李三才待见。因为太监们收了税之后就上交给皇帝，这样一来势必会减少漕运衙门的收入。李三才对这些下放到各地收税的太监们深恶痛绝，屡次上书请求罢除天下矿税。

李三才从来都不是被动地听天由命的人。他被顾宪成视为振兴东林一脉的希望，战斗力很强。

他在明面上写奏章，讨伐税使矿监无恶不作；私下也不消停，经常主动出击对付太监。他的做法很毒，一般读书人绝没有李三才这样的本事。他很不喜欢一个叫陈增的大太监，就想办法让牢里的死囚犯们在受审的时候招认陈增的爪牙是自己的同党。死囚犯们当然死有余辜，被他们咬了一口的人也都难逃一死，原本无法无天的陈增只能自认倒霉。

他能“欺压”别人惹不起的太监，也能为朝中非东林党的阵营制造麻烦。万历三十年（1602年），皇帝突然患病，自以为大限将至，赶紧招呼内阁首辅沈一贯入宫，说要关掉矿厂，撤回税监。沈一贯领旨之后就准备一一落实。谁知道皇帝很快又好转了，他又收回成命，让沈一贯去跟下边的人解释。

沈一贯是浙江人，在朝为官的浙人唯他马首是瞻。浙党与东林党彼此素无好感，李三才因质问沈一贯被东林党人视为英雄。李三才看准机会，揪住沈一贯的错处不放，说他身为首辅不能贯彻落实皇帝的意思，实在是尸位素餐之辈；为了彻底恶心沈一贯，李三才还揣测首辅不肯好好执行诏令，是害怕次辅夺权。

万历看到李三才揪着沈一贯不放，就知道这个家伙弄不好还要把火烧到自己身上。

有高攀龙、李三才这样的文人为反征商税做理论支持，其他深度参与商业活动的文官也有钱出钱，有力出力，临清、武汉、景德镇、荆州、云南等地相继传来市民因反对征商税暴动的新闻，令万历头痛不已。

出去收税的太监们的暴行被有心人稍加利用，就成了“市民暴乱”。如果细查下去，就会发现，每一次暴动的背后都有东林党人的影子。

无论是辽东的收税行动，还是临清的百姓殴打税监的事件，都有带头闹事之人。可是当事情闹大，税厂被烧、税监被打后，振臂一呼的那个人却趁乱消失不见。这个人很显然就是东林党派出来的精兵悍将。

4. 非我乡党，其心必异

随着东林党在朝廷中的话语权越来越大，其他小团体也开始效仿以籍贯结社。《明史》说：“朝士慕其风者，多遥相应和。由是东林名大著，而忌者亦多。”

朝中为官的浙江人、山东人、湖北人、安徽人纷纷抱团，结成了一个个利益为上的地方性党派。这些党派的冠名也很简单，直接就叫“浙党”“齐党”“楚党”，等等。东林党势力日益强大，这些稍微弱势的党派就再次组合成一个松散的联盟，与东林党人展开了旷日持久的斗争。

或者说，大明的政治圈以“东林”和“非东林”为界限，双方很有默契地开始“拉锯”。万历二十一年的京察是东林党主持的，那么六年以后的新一轮京察就由“浙党”或者“楚党”“齐党”负责。考核外官的“大计”也是如此，东林党和其余三党如同商量好一般一方负责一届，互不干扰。两股势力循环交替，致使每一次京察或者大计都没有什么新鲜事出现，无非是你上台我下场，我上台你就别想好过的互殴局面。

万历二十七年（1599年）的己亥京察也是如此。这一年京察的主持人是时任吏部尚书的李戴。自打万历二十一年京察孙鑨被迫辞职，吏部尚书就成了大明朝的一项高危工作，能在这个位置上干满一个任期都算奇迹。吏部尚书虽说是吏部的一把手，但六部都在内阁的统领下工作，李戴也不得不听从内阁首辅沈一贯的号令。

可以说浙党的形成与扩张都离不开沈一贯的积极推动。浙党在朝中的成长过程同时也是沈一贯排除异己、培植党羽的过程。沈一贯是朝廷非东林党人中官职最高的一个，他授意李戴对东林党人不必客气。于是，京官当中凡是与东林党来往密切的人都受到了打击。翰林编修刘纲、中书舍人丁元荐、南京评事龙起雷等人都在被贬黜的行列，李戴因此颇受东林党人的诟病。

万历三十三年（1605年），京察的权力棒再次回到东林党人的手中。这一次的主持人是吏部左侍郎杨时乔和左都御史温纯，史称“乙巳京察”。一般情况下主持京察的都是吏部尚书大人，这一年的情况有点特殊，前吏部尚书李戴告退，内阁一直为谁来坐这个重要的位置争执不下，反而将位置空了起来。左侍郎杨时乔就顶了上来，代表东林党人的意思，着实来了一把打击异己。

刑部给事中钱梦皋等人是京察中受到冲击最大的官员，引起了浙党老大沈一贯的不满。钱梦皋是沈一贯的心腹，他若离职，等于去掉沈阁老的一臂。沈一贯就上疏说京察不公，请允许钱梦皋等人官复原职。

补缺郎中刘元珍首先抗议沈一贯的护短行为，他详细列举了钱梦皋违法乱纪的劣行，同时指责沈一贯自升任内阁首辅就笼络了不少的奸邪小人供其驱使，还经常假借皇帝的名义攫取私利，有严重的欺君行为；他还拿钱梦皋的事情举例说明沈一贯提拔人才不看能力，只看关系，这就是典型的结党营私之行。

这一番说辞有理有据，沈一贯也顾不得为钱梦皋求情了，哪怕是做样子，也要到万历跟前为自己辩白。钱梦皋自然不肯坐以待毙，他说刘元珍不过是温纯等人的爪牙罢了。杨时乔、温纯等人已经打定了主意对付自己，欲加之罪，何患无辞？万历听取了双方的汇报之后，“各打五十大板”，他处罚了钱梦皋，也贬谪了刘元珍。

东林党明白，只要沈一贯一日在朝，他们就一日不得安宁。

于是吏部员外郎贺灿然、南京御史朱吾弼、兵部主事庞时雍纷纷上疏，指斥沈一贯。沈一贯在万历心中还是很有分量的，这些人的奏折并没能扳倒沈一贯，反而连累他们自己被贬到了边远地区。御史侯庆远、李冉等人又“仗义执言”，为自己的盟友求情，万历根本不予理睬。御史周家栋不肯罢休，继续拿钱梦皋和沈一贯说事儿，万历干脆将刘元珍等人除名削籍。经此一役，沈一贯安然无恙，仍为内阁首辅。

仕途失意的刘元珍接到顾宪成的邀请到东林书院讲学，成为“东林八君子”中的一名干将。此后连续十几年的政坛风向都在浙党的控制之下，东林党在备受打压中艰难前行。直到万历四十八年（1620年），“移宫案”发，杨涟、左光斗等“护驾有功”，东林党人才被重新启用。

两个阵营斗来斗去，造成朝中岗位严重空缺现象。原因倒不复杂，无外乎斗争的双方都在六科十三道的言官身上加火力，看谁不顺眼就让言官弹劾谁。只要被言官盯上的人，无论有没有问题，最后都只能落个离职的下场。有时候被弹劾的当事人并不想离职，但是受不了对方轮番轰炸，莫须有的事情都接踵而至，实在应付不过来。每天上班就忙着辟谣，哪里还有工作的心思。如此一来，工作上就容易出纰漏，更容易被人抓住把柄。时间长了，朝中的官员都学乖了，只要有言官弹劾就主动离职，省却了很多麻烦。只要己方还有人在朝中说了算，杀个回马枪是早晚的事，他们根本用不着担心会被官场彻底遗忘。

空岗最严重的时候，内阁大学士只剩下叶向高一个光杆司令；六部也是如此，除了刑部尚书赵焕在任之外，吏部、礼部、户部、工部的尚书都空缺。兵部倒是有李化龙在勉强支撑，李化龙于万历三十九年（1611年）去世之后，继任者迟迟没有到位。到最后竟出现赵焕一人身兼刑部尚书、兵部尚书的局面。

管理言官的都察院也好不到哪里去。不同阵营的人害怕被言官盯上，言官们大多职位偏低，完成了弹劾某人的历史使命后，离自己走人也就不远了。所以都察院自温纯于万历三十二年（1604年）罢任之后，一连八年都没有任命新的正官。

赵焕在刑部和兵部转了一圈之后，又到吏部担任尚书。他倒是个肯办实事的人，一上任就着意选拔人才，填补各部的空缺。可是他和东林党不是一路，他的政治主张也不符合东林党人的要求，尽管做了不少事，还是不能避免被东林党人弹劾。为此，赵焕多次上疏请求辞职，万历以为辞职是赵尚书玩的以退为进的把戏，就很配合地多次挽留。可惜赵焕是铁了心要离开朝堂这块是非之地，终于在多次请求之后得以离任。

万历三十五年（1607年）五月，内阁首辅沈一贯被罢免、次辅沈鲤离职，朱赓成为新的首辅。万历就命令朱赓增加阁臣，于是礼部尚书叶向高和王锡爵、于慎行、李廷机当选为新的阁臣。可惜四个人当中，王锡爵对朝政心灰意冷，坚决不肯复仕；于慎行于当年十一月去世；只有叶向高和李廷机两个人真正入了内阁。第二年朱赓也去世了，李廷机本来很有机会高升一步，但他非常爱惜自己的羽毛，只要听见一声半句诋毁自己的话，就关在家里不出门。这样就给了叶向高机会，东林党人终于有一个代表站在了内阁的最高处，而且是唯一的一个。

叶向高在南京任职的时候，曾因为“妖书案”得罪过沈一贯，一连九年没能晋升。他对沈一贯的态度可想而知。现在他做了当朝首辅，想报复一个已经致仕的人实在是太简单了。不过随着身份地位的提高，叶向高的眼光、格局也随之拔高了。他意识到朝臣之间因为追求不同分划为不同的阵营无可避免，但是如果这些阵营只会内斗不能融合，于朝政无益，于国家无益。想通此处后，他不仅放了沈一贯一马，还主动调解了几起浙党与东林党之间的矛盾。

叶向高的付出得到了回报，他的建议虽说不能全被采纳，十条建议能有两三条被接受已经是很大的进步。为了进一步争取自己的权力，叶向高多次向万历进言应该增加阁臣、补充六部九卿空缺的岗位，维持帝国的正常运转。万历基本上都当作耳旁风，不反对也不同意。叶向高无奈，只好使出了杀手锏——辞职。你要不同意我的要求，我就撂挑子不伺候了。万历还是不吃这一套，每次叶向高辞职他都好意挽留，留住之后还是不肯同意叶向高的建议。

君臣二人一个通过辞职来证明自己的无可替代，一个用挽留来证明自己重视人才，各取所得，对“辞职”和“不允”游戏玩得很上瘾，几乎每个月都要上演一回。有时候叶向高称病不出，万历也不肯批准他的辞职信，只是一个劲地下诏，请他出来主持政务。叶向高请求增加阁臣的奏章上了一百多封，万历才勉为其难地答应让方从哲和吴道南入阁，协助叶向高处理政事。

天启年间，早已致仕在家的叶向高再次出山，辅助皇帝朱由校理政。当时宦官魏忠贤专权，凡是反抗魏忠贤的人都自觉地围绕在叶向高的周围，寻求这位元老的庇护。魏忠贤因此记恨叶向高，但碍于叶为官多年，根基深厚实在不好对付，才没有正面挑战。这样，这位顾全大局的东林元老得到了善终。叶向高算是东林党中比较温和的一位。

本章主要登场人物：

1. 孙鑨，明朝大臣，曾任吏部尚书，浙江余姚人，时与平湖陆光祖、余姚陈有年并称为“浙中三贤太宰”。

2. 赵南星，官至吏部尚书，东林党首领之一。

3. 李世达，明朝大臣，万历二十一年，与孙鑨、赵南星一同主持京察。

4. 顾宪成，东林书院的发起者，东林党的领袖之一。

5. 王锡爵，出身名门望族，明朝后期内阁首辅，东林党的主要攻击目标之一。

6. 赵志皋，内阁次辅，后升首辅，性情柔弱，被朝士所轻。

7. 顾允成，顾宪成之弟，“东林八君子”之一，明朝思想家。

8. 高攀龙，东林党领袖，“东林八君子”之一。

9. 李三才，明朝大臣，与顾宪成结交，有机会入阁，然谤者四起，未能赴任。

10. 沈一贯，内阁首辅，浙党领袖，与东林党相对。

11. 李戴，明代后期官员，曾任吏部尚书、工部尚书。

12. 杨时乔，明代后期官员，累官至吏部左侍郎，东林党人。

13. 温纯，明代后期官员，为官清廉。

14. 钱梦皋，明代官员，沈一贯的心腹，曾被东林党弹劾。

15. 刘元珍，明代官员，“东林八君子”之一。

16. 叶向高，内阁首辅，因保护过东林党人而被《东林点将录》认定为东林党党魁。

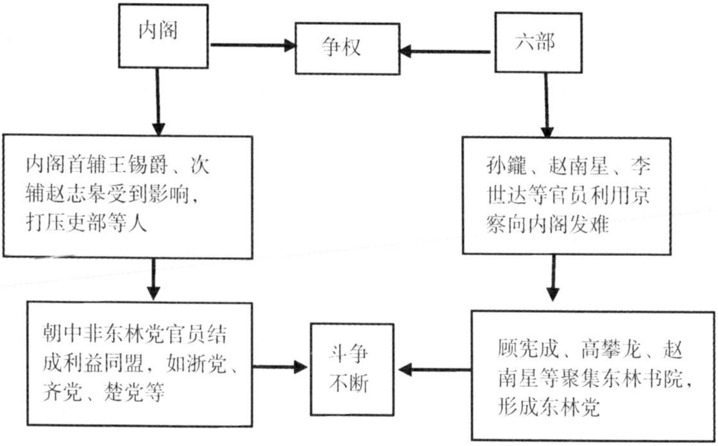

万历年间东林党争关系图

第八章　借“帝”发挥：古代权谋的至高境界

1.“国本之争”背后的君臣关系

与明朝的大多数帝王一样，万历的子嗣不旺。他不喜欢太后为自己选择的正宫王皇后，独宠一位姓郑的贵妃。让郑贵妃恼火的是，自己进宫之前，万历无意中临幸了太后身边的一个宫女，结果这个宫女竟然生了皇长子朱常洛。孩子都生出来了，而且是自己的第一个儿子，万历无奈，只好把王姓宫女封为“恭妃”。

郑贵妃很快生了自己与皇帝的女儿和两个儿子。第一个儿子夭折了，二儿子朱常洵就成为事实上的皇二子。卑微的母妃与皇长子遇上尊贵的母妃与皇二子，谁能胜出？这样的故事在历代的深宫中不时发生。按照皇帝的本心，自然是想立宠妃的儿子为太子。从大臣的角度来看，在没有嫡子的情况下，应当按照制度册立长子为太子。

中国古代有“太子者，国之根本”的说法，所以关于立谁为太子这件事又被称为“争国本”。其实皇帝与大臣们讨论太子的问题时，两个孩子都还小，万历也是春秋鼎盛，根本没有传位于谁的必要。但是这个国本必须得争，这是规矩。哪怕皇二子比皇长子长得帅、反应快也不行，只要皇长子不是弱智，他就是法律意义上的太子。文官们维护的是祖宗的制度，万历在乎的是个人的好恶，双方发生争执几乎是必然的。

到底立哪位皇子为太子成为万历十四年至万历四十二年期间一个沉重的话题。皇帝与大臣们在这三十年的时间里或明里争执或暗中斗法，谁都不肯妥协。在争国本一事上的不同态度也成为官员们区分不同阵营的标志。支持皇长子朱常洛还是皇二子朱常洵竟然成为君子与小人的分界线，凡是流露出对皇二子有好感的人都会被同僚视为奸佞小人。

皇二子朱常洵是万历十四年（1586年）正月出生的，他的出生让本就得宠的郑贵妃被册封为“皇贵妃”。四年前生出皇长子的王恭妃却还在原地踏步，圣眷隆恩从来不肯光顾她的宫门。以前宫里只有一位皇子，立不立太子都无所谓。现在皇二子出生了，他的母妃还如此得宠，文官们开始担心万历会偏心刚出生的朱常洵，立其为太子。宫中也有小道消息流传出来，说万历和郑贵妃曾经一起到神殿发誓，要立朱常洵为太子。消息传得有鼻子有眼：郑贵妃为了确保儿子的地位，还让万历把这个承诺写在锦缎上，放到玉匣之中，亲自保管。

第一个将国本之争放到明面的人是万历十四年（1586年）的首辅申时行。这一年二月，也就是皇二子朱常洵刚刚满月的时候，申时行代表内阁上了一本《请册立东宫以重国本疏》，奏折一出，立刻引起满朝文武的共鸣。户科给事中姜应麟也趁机建议择吉日册立皇长子为东宫太子，他还说王恭妃生子在先，郑贵妃生子在后，皇帝不能只封赏郑贵妃，忽略了王恭妃。连皇帝对哪个老婆好都要管，姜大人管得也太宽了。

此时的万历皇帝正沉浸在得子的快乐中，申时行的奏折递上来，他还能勉强克制怒火。姜应麟不合时宜的奏疏，却被他毫不犹豫就扔了出去。内阁首辅不能随便惩治，皇权早就被内阁和司礼监瓜分了，申时行的面子一定要给。不过利用姜应麟来敲打一下内阁也不错，所以他叮嘱内阁一定要把这个没有眼力见儿的给事中贬出京城，然后广昌府就多了一个叫姜应麟的典史。

明朝的士大夫是一个很特殊的群体，他们内部可能无法避免摩擦，但是当皇帝敢挑战祖宗家法的时候，这个群体就会立刻团结起来，一致对外。这个时候，平时看得很重的功名利禄、荣华富贵都不重要了，只要能有效阻止人为破坏祖制的举动，所有的牺牲都是值得的。姜应麟的被贬并没有起到杀一儆百的作用，朝臣们还是潮水一样地跟上来。他们不断地上疏奏请皇帝早立国本，都被神宗用种种罪名加以贬斥。

到万历十七年（1589年），争国本的奏折还时不时地出现在万历面前。

万历十八年（1590年）正月初一，申时行带领群臣给万历拜年之后，带着内阁一行人来到毓德宫商议大事。对于内阁群臣来说，天下大事莫过于国本，只有早立太子才能定天下之本。当时申时行还不具备操控舆论的影响力，在皇位继承人的问题上，他的压力很大，所有人都在盯着他这个内阁首辅，如果再搞不定立太子的事情，申时行在群臣中的威信将会急剧下降。他已经想好了，如果皇帝还是不同意立朱常洛为太子的话，自己的内阁首辅也就不用干了，直接递交辞呈回家吧。他的想法得到了几位阁臣的认可，另外三位大学士也都抱定了不达目的就辞职的决心。他们相信，万历是不会坐视内阁无人可用的。

鉴于皇帝非常不喜欢立太子这个话题，申时行换了一种谈话的方式，他向皇帝奏请什么时候让皇长子出阁读书。新的议题很有意思。表面上看是申时行等人暂时放过立太子的问题了，实际上大家都知道，让哪位皇子出阁读书就等于承认了其太子身份。这一年皇长子已经九岁，早就到了拜师的年龄，不过是万历一厢情愿，不愿意面对这一事实罢了。他想打个哈哈过去，奈何阁臣们不肯通融，非要他表态何时放皇长子出阁读书。看着面前的内阁大学士、吏部尚书、礼部尚书一脸期盼的神情，万历无奈地许诺：自己并没有废长立幼的意思，你们只要一年之内不来纠缠这个话题，第二年就册立太子。

这个许诺让万历的耳根清净了一年。可是，一年过去了，他还是不想兑现承诺。群臣在想办法逼迫万历遵守祖制，万历何尝不在想办法达到自己的目的。万历二十一年（1593年）正月，申时行没能完成的重任落在内阁大学士王锡爵头上，他硬着头皮来找万历商议已经不新鲜的立太子事宜。皇帝想到一个新主意，他告诉王锡爵，说自己决定把皇长子朱常洛、二子朱常洵和五子朱常浩同时封王，等三位王爷大一点了，再从中选择一个比较贤明的立为太子。这是万历玩的太极推手，只要郑贵妃一天得宠，朱常洵就一直有被立为太子的可能性。

王锡爵很为难。如果不答应，皇帝很有可能一生气直接取消皇长子继位的可能；如果答应了，就会被群臣认定为“叛徒”——背叛士大夫集团、投降皇权的叛徒。王学士留了个心眼儿，就向万历提条件说，不如把皇长子朱常洛交给皇后抚育，这样长子就成了嫡长子，正好符合我朝建储的政策。万历佯装答应了王锡爵的条件，耳根再次得到清净。到了上朝的时候，万历却故意不提皇后抚育朱常洛这件事，只说内阁已经同意三王并封的旨意。此话一出，群情激奋，朝上反对“三王并封”的声音此起彼伏，朝下指责王锡爵阿谀顺上的大有人在。

上百本奏章铺天盖地而来，万历不得不宣布皇长子将于次年二月出阁接受教育；王锡爵也在巨大的压力下被迫辞职。这一对君臣本来是王朝最有权力的两个人，但是当他们站在全体士大夫的对立面时，一样要屈从于这个强大的团体。王锡爵不知道的是，自己“阿谀顺上”的形象被定格在某些人的心目中，成为日后东林党向内阁开战的根源。等朱常洛出阁读书，大家以为太子之事尘埃落定时，万历又抛出一个“待嫡”的炸弹，将群臣炸了个灰头土脸。

万历的意思很明显，你们不让我痛快，我也不能让你们好过。既然你们口口声声说要按照祖宗家法来建储，那朱常洛不过是占了一个“长”字，万一皇后生了儿子出来，他不还得靠边站吗？你们就等着我的嫡子出生吧。就这样，群臣明知不可能有“嫡子”出现的情况下，也不得不暂停为朱常洛谋“太子”位的行动。一切明面上的活动停止了，私下里却不能放松，昔日向皇上劝谏改为向皇太后求情。直到万历二十九年（1601年）十月，朱常洛经过太后奶奶的强力干预，登上了来之不易的太子之位。与此同时，朱常洵也被封为福王，封地在富饶的洛阳。

郑贵妃心疼儿子，不肯让十六岁的朱常洵离开京城一个人到洛阳去，就向万历请求多留儿子一段时间。没能把自己心爱的儿子立为太子，万历已经觉得很对不住郑贵妃了，不去就藩这点小小的要求一定得满足。刚把郑贵妃母子安抚好，大臣们又不干了。他们说按照祖制，成年的皇子有了封地之后，就必须离京到封地居住，不宜长期逗留京师。更有甚者，直接拿朱元璋说过的藩王不得召见，不许无故进京的话来将万历的军。他们害怕朱常洵总在皇帝眼皮子底下晃荡，保不齐就会威胁到太子的地位。在争了十五年，终于争到了太子之位后，大臣们又开始保护来之不易的成果。万历这次铁了心留下朱常洵，无论群臣如何劝阻都不松口。实在烦了，他就不上朝、不看奏疏，落一个眼不见心不烦。

万历四十二年（1614年）三月，已经年过半百的皇帝终于厌倦了与臣子们争国本的事情。他同意朱常洵去洛阳就藩，代表着朝臣们在立储风波中取得了艰难的胜利。

朱常洛何德何能，可以使这么多大臣为了他不惜与皇帝展开长达三十多年的博弈？原因无他，只因他的身份代表了皇朝的制度和纲领，朝臣们辛苦抗争也是为了保证已经成为定律的朝纲不由着皇帝个人的喜好而更改。争国本这场拉锯战前前后后进行了十五年，期间内阁大学士换了好几拨，大臣们被降级贬斥的多达上百人，奏疏写了几万册。有人说这场国本之争大约是“中国历史上士大夫们最后的一次风骨”。

值得一提的是，争国本事件中，态度最为坚决、耐心最为长久的人大多成为后来东林党的骨干分子。

2. 大明第一“罗生门”案件

官员之间上下层的考核与被考核关系还不够乱，掺和了万历诸多后宫秘闻的斗争才足够精彩。且看东林党人如何利用“晚明三大案”来达到自己的政治目的。“晚明三大案”本身没有什么离奇的地方，但是三大案件件牵扯到朝廷东林党人与非东林党人的斗争，因而显得异常醒目。斗争的双方以三大案为看点进行辩论、炒作、攻击，一副不置对方于死地就不罢休的架势。

按照时间的推演来看，第一案是发生在万历四十三年（1615年）的“梃击案”。此案的背景与争国本有关，尽管当时朱常洛早就被立为太子了，福王朱常洵也到自己的封地洛阳就藩了，但郑贵妃的恩宠不断，万历游移的心就没有停止过。退一万步说，即便万历和郑贵妃都已经死心了，大臣们也不肯善罢甘休。支持福王做太子的人还在蠢蠢欲动，支持朱常洛的人也在时刻准备着为保卫太子的东宫地位而斗争。

案发的经过很简单，不过是一个精神有问题的中年男子手持木棒闯入了太子朱常洛的寝宫，还打伤了守卫宫门的太监。如果这件事发生在民间，不过是精神病患者误闯民宅，至多是他的监护人付出一些经济赔偿罢了。可是事情发生在皇宫就大不一样了，尤其是发生在太子寝宫，事情的严重性又上了几个台阶。

发生这种大事，太子不敢拿主意，在第一时间就上报给万历皇帝知晓。万历虽然不喜欢这个儿子，但宫内无故闯入陌生人这事情不能忽视，就下令司法部门严查。

第一个审理此案的人是巡城御史刘廷元，审讯的结果显示，犯罪嫌疑人叫张差，家住蓟州井儿峪，是一个间歇精神病患者。至于他为什么从蓟州来到北京城，这个疯子却答不上来。

于是犯人转交给刑部，满朝文武一起等待新的结果。刑部派出的主审此案的人叫胡士相，彼时他正担任刑部郎中，是齐楚浙三党公推出来的刑讯人才。齐楚浙党能暂时团结到一起，也是拜了东林党所赐。因为太子地位逐渐稳固，东林党一家独大的局势越来越明显。如果太子能够顺利登基，可以预料到齐楚浙党将没有好日子过。

从万历五年争国本开始，凡是涉及太子的事情就没有小事，这是朝中大臣的共识。不管支不支持太子登基，关注他的最新动向总没错。胡士相到底专业，在他审讯过后，呈送给皇帝更多的消息：张差确实脑子有病，这一点已经派人到他的老家井儿峪确认过了。他家里的积攒的过冬柴草被人烧了，心中郁闷，就来京告御状，糊里糊涂走到了宫门。为了自保，他拿了一根木棒防身，结果误伤了慈庆宫的守门太监。胡士相主张将这个疯子乱棍打死了事。

内阁首辅方从哲也认为此案真相已出，没有深究的必要，只要打死张差就行了。齐楚浙党越是倾向于结案，东林党人就越不甘心。他们不相信一个疯子会无缘无故闯入东宫，却没有受到丝毫阻拦，为什么疯子会从东华门入宫，径直来到太子的寝宫伤人？这件事不查个水落石出，支持太子的大臣们决不罢休。按照他们的意思，如果能在查案的时候发现这个疯子是郑贵妃或者福王派人指使的，那就更好了。

果然身为东林一脉的刑部提牢主事王之寀就不肯接受胡士相的调查报告，申请进一步审理此案。胡士相是五品的郎中，王之

万历年间五彩人物故事图盆

寀是六品主事，按说老胡以权压人的话，王之寀也没有办法抵抗。但是王之寀身后有庞大的东林党做后盾，胡士相也没有办法阻拦属下深查下去。

王之寀单独提审之后，张差又供出不少信息——当他来到京城告御状的时候，遇到两个不认识的男子。他们不但给他指点了皇宫的地形，还告诉他拿着棍子一直走到太子居住的慈庆宫就会有人为他伸冤，陌生人还告诉他，如果有人阻挡，举棒就打便是，打伤人了也不怕，有人救你。如果打死一个穿黄袍的坏人（太子），还会奖励给你三十亩上好的水田。张差信以为真，在陌生男子的指引下，一路从东华门来到慈庆宫，竟没有遇到阻拦。直到东宫的守门太监不让他进宫，他才动了棍棒。

经过王之寀的进一步审理，发现指使张差入宫行凶的两个人竟然是太监——庞保和刘成。更为要命的是，这两个太监是郑贵妃宫里的人。这下好了，真相大白——郑贵妃意欲谋害当朝太子，为自己的儿子福王朱常洵登基扫清障碍。

事情牵扯到郑贵妃，朝中顿时议论纷纷。仅凭一个疯子的供词就一口咬定贵妃做出此等大逆不道之事，东林党人的斗争手段不可谓不歹毒。那也没办法，谁让这个深宫中恩宠不断的女人最有嫌疑呢？就算她不是主谋，事情到庞保和刘成两个太监为止，恐怕也没有人相信。案情到了这一步，郑贵妃到底做没做已经无所谓了，重要的是这件案子能和她扯上关系就行，越是不清不楚，越好浑水摸鱼。

这个时候，谁要是还相信张差是个疯子，估计自己离疯不远了。一个疯子能把朝中这么多大臣、宫中这么多贵人耍得团团转，他得是个多么无敌的存在？

东林一派的王志、何士晋和张问达开始上奏疏，谴责外戚郑国泰“专擅”。郑国泰是郑贵妃的哥哥，拿他开刀就是在投石问路，试探在万历的心目中到底是太子重要还是郑贵妃重要。万历当然是爱江山也爱美人的主儿，他想保住郑贵妃，但刑部新鲜出炉的审讯结果显示郑贵妃确实有嫌疑，他也不好为了一个人冒犯所有人，就说：“外廷语不易解，若须自求太子。”

郑贵妃哭哭啼啼地求太子谅解，说自己确实没有做过这样的事情。太子到底在父亲和郑贵妃的阴影下妥协惯了，他不敢得理不饶人，只好顺着父亲的意思说把张差一人处死即可，不要牵连无辜。最后庞保和刘成被秘密处死，张差则被判凌迟。万历对此很满意，郑贵妃因为卷入这场案子消停了不少，太子的地位因此事变得更加稳固。

按理说，只要郑贵妃脑子没坏，是不会安排一个脑子不好使、战斗力不强、一审就招供的人做此等机密事情的；况且袭击太子的时间也不对，青天白日就闯进宫，拿一根打不死人的木棍当凶器，这样的安排实在是漏洞百出。从张差只打了守门太监没有伤到太子也可以看出这件事击杀太子的意思并不明显，反倒是把事情闹起来，让大家看戏的意思更突出一些。

“梃击案”到底是郑贵妃的一招臭棋，还是太子自导自演的苦肉计，抑或是东林党人为了巩固太子的地位顺便陷害郑贵妃而安排的一出戏？众说纷纭。于是此案成为明朝三大迷案之一。

3. 失算的东林党人

万历四十八年（1620年）七月二十一日，明朝历史上在位时间最长的皇帝神宗朱翊钧驾崩，享年五十八岁。千辛万苦当选的太子朱常洛终于登上了皇位，实现了东林大臣们苦苦维护皇室正统血脉的愿望。朱常洛就是明光宗，年号“泰昌”。按照惯例，新皇帝的年号会在次年使用，奈何朱常洛实在太短命了，他的年号还没开始投入使用，自己就一命呜呼了。所以我们看历史纪年表的时候，会看到“万历”之后是“天启”，经常会忽略“泰昌”这个短暂的年号（天启帝为了表示尊重自己的父亲，将万历四十八年的八月到十二月称为泰昌元年）。

朱常洛是明朝历史上在位时间最短的皇帝，号称“一月天子”。由于他在位时间太短，还看不出有什么政治作为，但是围绕他短暂的一生却有很多大事被炒得沸沸扬扬。可以说，朱常洛从出生到死亡，一直都是不同党派之间斗争的“人形道具”。

他的母亲是太后身边的宫女王氏，是万历皇帝不愿意承认、不愿意提起的一段往事，所以朱常洛的出生带给万历的只是麻烦和痛苦，没有丝毫为人父的喜悦；他的成长是东林党和非东林党不断斗争的过程，是东林人士的强势一直护送他登上了太子之位，最终登上皇帝宝座；他的死亡来得太快了，人们还没来得及适应他的主政风格，就要拥立他的儿子继位，将他最宠爱的李选侍赶出宫去。生前身后，朱常洛都不得安宁。

我们还是直接称呼光宗为朱常洛吧。却说朱常洛做了二十多年的太子，对于如何勤政爱民他不精通，对声色犬马那一套纨绔功夫研究得倒是很深入。万历半生独宠郑贵妃，临死之前非常遗憾没有将郑氏扶上皇后的宝座。他给朱常洛留下遗言，让他把郑贵妃封为皇太后好好孝顺。朱常洛为了早日登基，对父亲的临终遗言自然是满口答应，至于内阁和群臣同不同意他就不管了。

当朱常洛提出封郑贵妃为皇太后时，果然遭到了群臣的强烈反对。礼部右侍郎孙如游代表群臣上了奏章，反对朱常洛的提议，说："臣详考历朝典故，并无此例。"他们怕一句"没有先例"不能打消郑贵妃当皇太后的念头，还列出了两个反对的理由：郑贵妃一不是万历正式的皇后，二非当今天子的亲生母亲，根本没有资格做皇太后。对于不符合皇家规矩的遗言，不遵守也罢。对于郑贵妃做皇太后的事情，反正朱常洛已经提议过了，是群臣不答应，他也没办法。

郑贵妃很识时务，她很明白自己的亲生儿子远在洛阳，依靠不上。不管心里多么不乐意，也要照顾皇宫新主人的面子，维持表面上的和谐。如果想让自己在后宫的日子过得舒服一些，少不了还要讨好这位初登大宝的皇帝。郑贵妃能够独占恩宠几十年，揣摩圣意的本领早就出神入化了，对付一个朱常洛更是不在话下。她看到朱常洛的太子妃已经去世，身边没有合心的美女，就投其所好，帮他物色起才貌俱佳的美人。朱常洛打算立为皇后的李选侍就是郑贵妃推荐的人选。

拥立朱常洛继位的东林君子们一心期待着新君继位后会有一番新气象。朱常洛倒也配合，上任之后先把东林党坚决抵制的矿税和商税取消了，然后下令补齐内阁六部空缺的官员，还拨给辽东二百万两的饷银。

朱常洛本身的体质就不太好，在万历驾崩之后，既要主持父亲的葬礼，又要熟悉帝国的业务，还不能冷落了郑贵妃送进来的千娇百媚的美人，身体吃不消并不奇怪。

他是万历四十八年（1620年）八月初一登基的，到八月初十就一病不起；到了八月十二日，大臣们见到的朱常洛已经面容憔悴；八月十四日，朱常洛嫌弃太医们用的药不见效，召内官崔文升为自己治病。崔文升是司礼监秉笔太监监管御药房，对药理药性有一些认识。朱常洛很信任他，就让他为自己开点见效快的猛药。崔文升进献了大黄等清热泻火的药物。朱常洛服药之后，一夜之间竟然腹泻三四十次，整个人都脱形了。

这下朱常洛彻底下不了床了，大臣们纷纷指责崔文升不是御医，有什么资格进药，是不是有不良企图。还有人挖出崔文升在进司礼监之前曾在郑贵妃的宫中伺候，怀疑郑贵妃要陷害朱常洛。说起来郑贵妃也够倒霉的，关系到朱常洛的两次大案都能扯到她身上。崔文升是不是郑贵妃指使，这件事没有证据，不好说；郑贵妃多次向朱常洛进献美女，朱常洛沉迷女色、夜夜笙歌倒多有记载。

八月二十二日，朱常洛强撑病体召见内阁首辅方从哲等人，在内阁的督促下准备册立太子。让大臣们稍可安心的是，大家对新太子的人选问题比较统一，不会发生像四十年前争国本那样的争论。朱常洛的后妃们生了七个儿子，存活下来的只有两个：朱由校和朱由检兄弟两个，哥俩儿的母妃都不显贵，一个是低等的“才人”，一个是更低等的“淑女”，所以没有出现子以母贵的争端。兄弟俩只要按照出生的先后继位就行。

册立东宫太子绝对是国家大事，万万马虎不得，所以要等到下个月的好日子再举行册立大典。谁知道朱常洛根本就等不及了，他在八月二十九日就病入膏肓，眼看只剩下一口气。此时，有鸿胪寺官员李可灼献上红丸一枚，说是仙丹妙药，包治百病。

朱常洛宣方从哲觐见，问他红丸何在？方从哲的回答很油滑，说鸿胪寺丞李可灼自称有仙丹妙药，我不敢轻信。言外之意是吃还是不吃，您自己拿主意吧。这种药如果放到喜欢炼丹的嘉靖时代，李可灼少不得会加官进爵；放到万历身上则会轻轻一笑，置之高阁；拿到朱常洛眼前，却有了不一样的命运。朱常洛正在病榻上呻吟，听说有人进献丹药，抱着死马当作活马医的心态，竟然把自己当成了试药的人。

一时间，内阁六部大大小小的官员们都把目光转向了鸿胪寺丞李可灼。李可灼带着丹药进宫了。当日中午，朱常洛服下第一枚丹药。等在宫门外的大臣们听见宫里的太监出来说皇上服药之后感觉不错，通体舒泰，已经想吃点东西了，大家这才松了一口气。到了下午，有所好转的朱常洛让李可灼再进一枚仙丹，吃完之后就驾崩了。

先皇驾崩的时间是九月初一，距离继承皇位刚刚一个月的时间。此时，万历的棺椁还没有下葬，皇陵又迎来一位新的居民。因为朱常洛的直接死因与“红丸”有关，所以这桩宫廷案被称为“红丸案”。其实每个人心里都明白，朱常洛命不久矣，即便没有李可灼进献的红丸，他的身体也已经油尽灯枯。

朱常洛登基一个月就死了，最受不了这一打击的是对他倾注了太多心血的东林党人。御史王安首先上疏，请内阁重惩李可灼，其他御史、给事中等十几位言官附言，说李可灼和崔文升一定是谋害泰昌皇帝的奸党，应该严惩。内阁遂下令将崔文升发配南京，李可灼充军。到天启年间，魏忠贤掌权之后，推翻了泰昌死后对李可灼、崔文升的判罚，将此案作为与东林党人斗争的工具。

4. 为了权力，后宫女子也敢动朝臣的“奶酪”

泰昌是东林党的希望，也是东林党的失望。泰昌活着的时候东林党人对他呵护有加，他死之后，东林党立刻将工作重点转向了新皇帝朱由校。泰昌尸骨未寒，东林党人就闯入他的家中，改变他的遗命，对他的老婆孩子下手，制造了“移宫案”。

朱由校就是天启帝，他是东林党人用强硬手段从李选侍的手里抢回来的皇帝，是晚明三大案的最后一案“移宫案”的主角之一。

“移宫案”的另一个主角是李选侍，他是朱由校的养母，也是朱常洛生前最宠爱的女人。本来朱常洛登基之后准备册封其为皇贵妃的，可惜他的身体不争气，还没来得及册封就撒手归西了。他这一走，大臣们恐怕李氏会“挟皇子以令诸侯”，依旧把她当成朱常洛没有登基之前的低等嫔妃对待。宫外的人不肯承认李贵妃，宫内的“姐妹们”就更不承认了。朱常洛生前专宠李氏，已经让别人嫉妒得眼红了，所以根本不用串通，宫里宫外的人就自动孤立了李氏。

李选侍本来跟着朱常洛住在乾清宫。朱常洛一死，“正义”的大臣们开始驱赶她。大臣们是这样解释的：乾清宫乃内廷正宫，只有皇帝和皇后才有资格居住于此。李选侍身份卑微，先皇在世时能容留其在此随侍，不代表她就是乾清宫的女主人，识趣的话就该速速搬出乾清宫。

能以“小老婆”的身份从太子府一直跟随朱常洛住到乾清宫，李选侍也不是什么省油的灯。李选侍打定主意不走。在先皇心中自己就是正宫，不过是差一道手续罢了，朱常洛死得早，指望不上了，可她还有朱由校这个养子啊。朱由校的母妃王才人死得早，朱由校一直被养在李选侍宫中，是她名义上的儿子。虽然两人没有血缘关系，平时也不怎么亲近，但如果攥住朱由校，让这个小皇帝封自己为皇太后，不是照样能住在这里吗？打定主意后，李选侍对大臣们的逼宫毫不在意，只是牢牢看住了朱由校这个重要的棋子。后来发生的事实证明她低估了大臣们的决心，也高估了自己的手段。

朱常洛驾崩的当天，外廷和后宫之间就围绕朱由校展开了争夺战。以杨涟、左光斗打头阵的东林党人旨在簇拥朱由校登基，为东林党挣下拥立新君的功劳；李选侍也想在乾清宫立朱由校为帝，自己好临朝听政。这时候，谁能掌握朱由校，谁就成为大赢家。

朱由校当时已经十六岁了，早就过了任人摆布的年龄。可他不能掌控自己的命运，只能像玩偶一样被人抢来抢去。外臣们来乾清宫求见皇子，李选侍的人拼死挡着宫门，不让大臣们进去，也不让朱由校出来。

还是杨涟比较厉害，他看到守门的太监油盐不进的样子，就厉声呵斥，让他们不要耽误国家大事。李选侍的亲信太监们也算见多识广之人了，他们仗着自己的身份，平日里对外官都是颇为傲气的，很少有人如此疾言厉色地对待他们。杨涟见太监们有些松动，又加重了语气，说这些大臣都是皇帝临终之前钦命的辅政之臣，现在奉皇帝遗诏来接皇子，定敢抗命不成？太监们被“皇帝遗诏”四个字唬住了，不敢再阻拦，眼睁睁看着杨涟等人进入乾清宫寻找皇子。

李选侍见太监没有守住宫门，就把朱由校带到自己房中藏了起来。她不相信外臣们敢进一个后妃的寝室。外臣确实没这个胆子，但是太监可以。与东林党人一向关系不错的大太监王安抓住了立功的机会，他连哄带骗地说服了李选侍，把朱由校带了出来，说是“去去便回”。朱由校可不是王安说的“去去便回”，而是“一去不复返”了。

正在外面等得心焦的众位臣子看到王安领出来的朱由校，一个个激动得不能自已。他们冲上来，架起朱由校就夺门而出。李选侍的人看见皇子被人抢走，连忙通报给主子，李选侍派人去夺回皇子。到底是李选侍身边的亲信太监年富力强，他们很快就赶上了簇拥着太子的大臣们，拉扯着朱由校的衣服就要回到乾清宫去。

朱由校早就被突发事件吓傻了，先是被养母藏在寝宫、然后被王安拉出来送到大臣们身边，现在又被养母身边的太监拉扯着回去——到底该听谁的？他完全糊涂了。这个时候就看东林党人和李选侍的亲信太监谁更有气势了。如果比拼力量，估计文官们甘拜下风，但是比气势，左光斗和杨涟等人连内阁首辅都不怕，遑论几个拦路的太监。双方短暂对峙后，李选侍派出的太监败下阵来，灰溜溜地放弃了。

得胜的臣子们不敢大意，他们迫切需要在最短的时间内把朱由校变成真正的皇帝。只有亲眼看着朱由校继位，他们才算落实了拥立之功。于是各怀心思的东林党人和朱由校一起来到文华殿，匆匆举行了立太子的仪式，确定了朱由校的法定身份。再过几天，朱常洛的丧事处理停当，就可以举行正式的登基仪式了。立太子之后，大臣们又把朱由校安排在慈庆宫住下，然后商量怎样帮太子夺回乾清宫。

整个抢宫、立太子、换宫居住的过程中没有人问过朱由校的意思，他们自认为所做的一切都是为了他好，朱由校不用理解，只要照办就可以了。

安顿好了太子，东林诸人松了一口气，接下来就是对付李选侍了。没有了朱由校为依仗，区区一个选侍有何资格继续留在乾清宫？夺太子的时候杨涟出力比较多，驱赶李选侍就由左光斗领衔了。

左光斗上疏一封，说明以选侍的身份住在乾清宫不妥，您还是另选住处吧。李选侍自然不肯妥协。左光斗在奏疏上写道：李选侍死了做皇太后的心吧。先帝的郑贵妃比您的地位高多了，不是也没当成皇太后吗？一个既不是太子生母也非嫡母的女人居然妄想做皇太后，怎么可能呢？

李选侍恼羞成怒，宣左光斗觐见，准备当面责罚他。左光斗根本就不去，说自己是朝廷的官员而非后宫的奴才，您还没有资格召见。李选侍更生气了，就派人请朱由校来乾清宫商议该如何处置。此时，朱由校已经在东林党的安排下匆匆称帝了，多少有了些底气，不再像以前一样惧怕李选侍了。李选侍一请他，他就先把这件事告诉了“杨左”二位忠臣。这下，李选侍又让左光斗等人拿住了把柄：先帝的低等嫔竟然对当今天子呼来喝去，实在太不成体统了。这样没有规矩的人必须离开乾清宫，以彰显大明朝的法制森严。

朱由校在东林党人轮番洗脑之下，明白自己已经是一国之君，不再是任人差遣的孩子了。几天之后，天启帝朱由校亲自下诏，请李选侍搬出乾清宫。李选侍一开始还不动，后来杨涟等人开始在乾清宫外高喊威胁性口号，越来越多的臣子加入到杨涟等人的行列，本来打算做和事佬的内阁首辅方从哲也无法阻止狂热的东林分子。因为接连拥立了两位皇帝，东林党在朝中的势力越来越大，已经具备了与内阁抗衡的资格。

在一片威胁声中，李选侍只好收拾行李，一步三回头地离开乾清宫。东林党人为李选侍挑选的落脚点很不厚道，竟然是宫妃们用来养老的哕鸾宫。朝中一些非东林党的官员抓住机会抗议说先帝尸骨未寒，为何不能善待他最钟爱的姬妾呢？

东林党人也知道来自非东林党的抗议也不是在乎一个李选侍到底过得好不好，他们争的是话语权——天启朝到底谁能掌握更大的话语权？齐楚浙三党在万历年间的地位是高于东林党的，但是泰昌和天启两位皇帝都是东林党人用尽办法推上去的，他们后劲更足。双方之间已经撕破脸，各自为战。齐楚浙三党弹劾东林党杨涟结交太监王安，图谋不轨，杨涟马上辞职以示清白；临走之前，他也告了御史贾继春一状，说贾继春为李选侍鸣不平是对皇亲不敬。天启帝马上又把贾继春处分，给了东林党一个面子。

再说李选侍已经被迫“移宫”，但她一日未死，斗争就一日不能结束。就在她搬到哕鸾宫不久，一夜忽然失火。经过宫人们的奋力抢救，才把李选侍母女救出火海。非东林党人又拿失火案抨击东林党，朱由校又站在了东林一方的立场上，说失火完全是天灾而非人祸。

移宫案至此落下帷幕。移来移去真的是为了住哪里吗？说到底，争的还是手中的权力。

经过两次三番的试探，齐楚浙三党终于明白东林党已经获得了天启帝的信任，将会在日后的斗争中占尽便宜。为了抵制东林党，他们把目光投向刚刚冒出苗头的太监团伙。从此以后，阉党成为他们最为重要的盟友。

本章主要登场人物：

1. 朱常洛，明光宗，明朝第十四位皇帝，朱翊钧长子，在位一个月即薨，史称“一月天子”。

2. 朱常洵，生母为明神宗宠妃郑贵妃，与朱常洛之间的皇太子之争持续多年，史称“争国本”。

3. 申时行，明代政治家，内阁首辅，争国本事件中，倾向立朱常洛为太子。

4. 王之宷，明代官员，曾任刑部主事，东林党人。

5. 胡士相，“梃击案”中，齐楚浙三党公推的审讯人才。

6. 方从哲，明末重要政治人物，万历后期任独相七年，掌握朝政大权，非东林党人。

7. 李可灼，“红丸案”中，李可灼献红丸，朱常洛吃后暴亡。

8. 李选侍，朱常洛宠妃，未及封赏，朱常洛即病逝。李选侍欲与东林党人争夺对太子朱由校的控制权，败于东林党人。

9. 朱由校，明熹宗，明朝第十五位皇帝，好木工。

10. 杨涟，明末名臣、谏官，东林党人，因为弹劾魏忠贤而死于狱中。

11. 左光斗，明末东林党领袖人物，因反对魏忠贤而被下狱，被狱卒杀害。

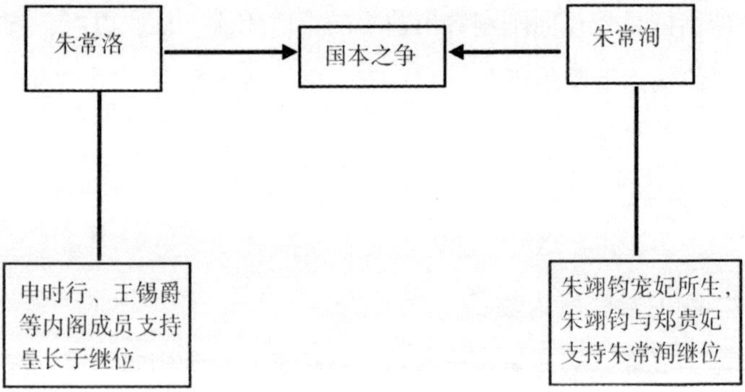

晚明争国本事件人物关系图

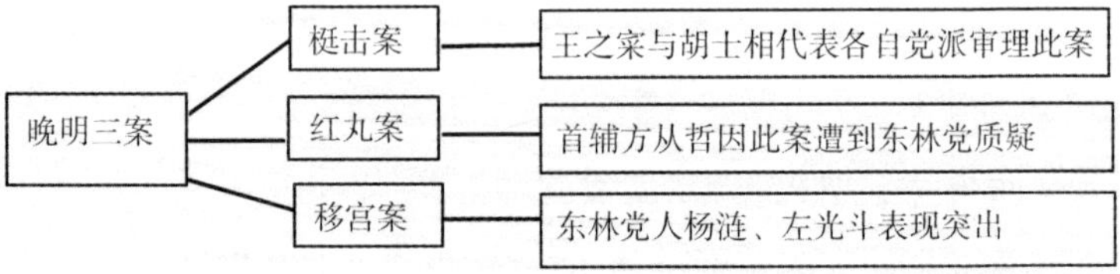

晚明三案人物关系图

第九章　内斗绝唱：纠缠至死的明末各派争斗

1. 对手来了！

天启登基以来，东林党人有了接连拥立两位新君的资历，已经不是最初只能在台下看别人表演自己只能发表议论的“清流”了。他们开始走上前台，占据一个又一个重要的位置。

天启元年（1621）十月，早已致仕的前首辅叶向高又杀了回来，重新占领内阁的高地；东林党的其他骨干分子也不甘落后，纷纷走上其他重要的岗位——孙慎行任礼部尚书、邹元标任都御史、孙承宗入阁，兼掌兵部事，赵南星任吏部尚书，高攀龙也回到朝堂，担任了左副都御史一职；在“移宫案”中出力甚多的杨涟和左光斗分别升任左副都御史和都御史。

随着叶向高、赵南星等人被重新起用，天启朝的内阁、军事、人事、文化以及监察等诸多大权都掌握在东林党手中。《明史》用“东林势盛，众正盈朝”八个字来形容此时的盛况。

东林得势之后开始按照自己的方式执政，既有利国利民的公心，也不乏打击异己的私利。

最早辅佐天启的内阁首辅是东林党人刘一燝。他为人比较正直，对皇帝的一些错误也敢于及时纠正，与魏忠贤等人积怨颇深。他在一些场合表达了对天启帝大封奶妈客氏的不满，魏忠贤就指示几个言官不断上疏弹劾他。刘一燝被迫辞官，临走推荐了叶向高上台。

叶向高为人也算得上光明磊落，不是个怕事的人。他对刘一燝的请辞感到惋惜，说一个顾命大臣还不如一个保姆有地位，这件事会寒了臣子们的心。天启帝对此不置可否，魏忠贤却不肯放下，将叶向高列为自己的敌人。

叶向高还对天启说自己当年在万历朝做首辅的时候，所有的奏章都出自内阁，皇帝一般都会听从。即便有不同意见，也会与内阁商量，君臣之间互相信任才能保证国家的长治久安。他希望天启也能学习万历皇帝，充分尊重内阁的意见。天启听了这话，很痛快地答应了。不仅如此，他还同意了叶向高的请求，从国库中拿出二百万两白银，以备不时之需。

两位首辅大人的举动还算考虑大局，其他人就未必如此了。更多的东林人士抓住了好不容易挣来的上台机会，狠狠地将以往的政敌们踩到脚下。

直接导致泰昌帝朱常洛之死的“红丸案”成为他们向政敌发难的第一个借口。礼部尚书孙慎行率先上疏，攻击浙党领袖兼前内阁首辅方从哲，说李可灼向抱病之中的先帝进献红丸是方从哲在背后指使的，应该严肃处理这个人。

当初方从哲确实向泰昌帝提过红丸一事，但他的态度是不相信红丸会有神奇的药力，希望泰昌帝不要轻易服用。孙慎行揪住方从哲未阻止李可灼不放，认准了即便他没有弑君之心，也有害死先帝的事实。方从哲做了多年首辅，已经看出现在是东林党的天下，他也辩解不出什么名堂，干脆辞职回家养老去了。

赶走方从哲之后，其他留在朝中的浙党乃至齐党、楚党成员都蛰伏起来，不敢与东林党争高下。东林党信奉“除恶务尽”，自然不会因为三党的隐忍就放过他们。

继孙慎行上疏为“红丸案”翻案之后，内阁韩爌上疏，请朝廷对“梃击案”和“移宫案”重新审理，并请求从重处置崔文升、李可灼、郑国泰等人。这些翻旧账的举动就是东林党人对“非我族类”的一次大清洗。

天启帝虽然年幼，也从这次的翻旧账事件中多少看出东林党人日渐跋扈。他对三案没有兴趣，对东林党人过多插手宫内的旧事却渐生不满。考虑到自己登基未久，还没有掌控属于自己的力量，他选择暂时保持沉默。要说这后宫之中谁最能揣摩皇上的心思，非他的乳母客氏和陪他长大的太监魏忠贤莫属。这两个人本就对东林党人心存怨念，得知天启帝的心思之后有了自己的算计。

天启三年（1632年）的京察又给了东林党一次排除异己的大好机会。这时候，已经归隐二十多年的赵南星再次回到吏部。他给了亓诗教、赵兴邦、官应震、吴亮嗣等非东林官员们一个“先朝结党乱政”的罪名，罢黜了他们。

一方势力的增强必然伴随着另一方势力的消减，东林党势力大盛，相对的齐楚浙三党的势力必然会下降。哪怕是为了自保，他们也不得不抱团取暖。外援基本上是指望不上了，放眼望去，满朝都是东林势力，只有内廷才有结盟的可能。

这个时候的天启帝开始有意识地培养自己的力量，以抵消过度膨胀的东林势力。天启帝派出的代言人就是司礼监秉笔太监魏忠贤。

魏忠贤号称“九千岁”，是大明朝最有权势的太监之一。入宫之前，他是社会不良青年；入宫之后，他做了十几年的洒扫工作，才一步一步来到皇太孙朱由校跟前。魏忠贤尽心尽力地服侍小主人，与主人的乳母客氏也打得火热。朱由校登基之后，客氏被封为“奉圣夫人”，魏忠贤也成为宫中太监的首领——司礼监掌印太监。昔日在宫外一日三餐都没有着落的魏忠贤，在五十二岁的时候以太监的身份得以飞黄腾达。

朱元璋的子孙性格各异，真正的政治白痴一个没有。朱由校大抵也是如此，外界盛传他是“木匠皇帝”，不代表他失去了对朝堂的掌控欲。当朱由校开始重视培养魏忠贤之后，一股被东林党人称为“阉党”的势力立刻充斥到朝堂各处。他们未必看不透魏忠贤背后的皇帝，不过是不习惯启用“帝党”这个名称罢了。用“阉党”还有一个好处就是一顶帽子就把魏忠贤的势力划上“邪恶”的符号，符合团结全天下有识之士共同讨伐的理念。

虽然魏忠贤有资格参政的时候年龄已经不小了，但他身份特殊，资历又浅，不可能得到赵南星这样清高之士的认可。一开始，他还在想和东林人士搞好关系，时不时地在天启帝面前称赞赵南星、叶向高等人忠君爱国等，可是对方并不领情。尤其是吏部尚书赵南星性格耿介，压根就不知道双方沟通的时候需要营造一种平等的氛围。魏忠贤曾经打发自己的外甥去拜见赵南星，请他为自己得到的一幅名画题诗。赵南星很不屑地拒绝了魏忠贤的示好，让原本就不太和谐的阉党与东林党之间变得更加水火不容。

魏忠贤胸无点墨，对权力斗争这种技术含量颇高的工种却是无师自通。他在天启元年将提拔过自己的老太监王安迫害致死。这件事做得很漂亮，竟然使东林党人以为这只是内宫的权力斗争，与己无关；天启二年（1622年），参与“移宫案”的礼部尚书周嘉谟被罢官，东林以为这是天启的小心眼在作祟，根本没有注意到野心勃勃的魏忠贤；天启三年（1623年），政坛有了大的调整，东林党人这才产生了危机感。

第一个调整是魏忠贤受命提督东厂，以司礼监掌印太监的身份提督东厂，顺理成章，不值得大惊小怪；第二个调整是两个非东林人士顾秉谦、魏广微进入内阁，这一点很值得推敲。

顾秉谦与魏广微都是魏忠贤的人，他们能够顺利入阁表明阉党的势力已经可以抗衡东林党势力了。当时的情况是这样的，内阁出现空缺，东林党拟定了几个自己人的名单，请天启帝批准。魏忠贤意识到内阁缺人是安插自己人的一个良机，就劝皇帝同意增补内阁大学士，顺便将肯为自己办事的顾秉谦和魏广微也送了进去。

顾秉谦是万历二十三年的进士，天启元年晋礼部尚书，掌詹事府事。魏忠贤崭露头角之后，顾秉谦不顾自己七十岁高龄，率先向比自己小十八岁的魏忠贤献殷勤去了。据说他曾带着儿子拜访魏忠贤，说：“魏大人，我本来是想认您当干爹的，又害怕您不喜欢我这个白头发的儿子，那就让我儿子给您当孙子吧！”这么识相的“儿子”，魏忠贤当然愿意笑纳。魏广微是万历三十二年的进士，与顾秉谦一样都是科班出身的读书人。他的父亲魏允贞是万历初年的进士，以不向张居正屈膝而闻名，与新任的吏部尚书赵南星也是好友。魏广微本来也有向赵南星靠拢的打算，奈何赵南星脾气太倔，不喜欢魏广微的圆滑，也不肯接受他的拜访，甚至公开说魏允贞没有这样的儿子。由此可知，魏广微投靠魏忠贤，赵南星“居功至伟”。

一个想往上爬，一个需要有人在内阁为自己代言，魏忠贤与顾秉谦、魏广微各取所需，一拍即合。他对主动投奔自己的人非常大度，很快就运作了两个人的入阁。

有顾秉谦和魏广微这样的“成功案例”在前，其他备受东林党势力排挤的齐楚浙党官员们纷纷投向魏忠贤的阵营，“阉党”的势力越来越大。

2. 一代天子一代臣

天启四年（1624年），东林党人士与“阉党”展开正面交锋。

和以前一样，明朝不同阵营的斗争都是由言官来打响第一枪的。

四月，已经投靠魏忠贤的给事中傅櫆首先上疏，弹劾左光斗、魏大中“招权纳贿”，还与内阁中书汪文言相互勾结。这封奏疏涉及的几个人都是坚定的东林党分子，而且每个人都是难啃的骨头。用一个罪名弹劾三个主要政敌，魏忠贤的阵营还是很有些人才的。左光斗因拥立朱由校登基升任都御史一职；魏大中与左光斗、杨涟等人并称为“东林前六君子”，被誉为“大明三百年，忠烈刚强第一人”，这是个生性狷介刚毅、不肯妥协的人；汪文言则是东林党又一个著名的活动家，号称“天下第一布衣”。这三个人如果都被除去，对东林党来说是极大的损失。

三个人当中，魏忠贤最为重视的人既不是清直的左光斗，也不是刚烈的魏大中，而是看起来最不起眼的内阁中书汪文言。内阁中书就是内阁的秘书，做的是抄抄写写的工作，官衔也不过是七品，看起来没有一点能威胁到魏忠贤的地方。偏偏这个汪文言，在魏忠贤眼中的危险程度甚至超过了内阁首辅叶向高。

明朝的官员绝大多数都是进士出身，举人这个等级的知识分子根本就不够数。汪文言是个例外，他不但没有中过进士，甚至连举人都不是。做内阁中书之前，他只是县城的一个小吏，因为善于结交各方势力得到了当时刑部员外郎于玉立的重视。于玉立是东林党的重要成员之一，他将汪文言从县城带到京城，安排在自己门下做了一名书吏。于玉立被贬官后，把能干的汪文言留在京城打探消息、广交朋友，方便自己了解京师的动向。

汪文言有了于玉立的举荐，很快就与东林党人打成一片。他充分了发挥了自己善于拉关系的强项，结交了宫里的大太监王安。“移宫案”发生的时候，是王安从李选侍那里把朱由校骗了出来，才使得东林党诸君有了拥立新君的机会。王安就是汪文言发展的内线。

叶向高再次出任内阁首辅之后，就破格任用汪文言为内阁中书，用他来联络上上下下的东林党人。这个人虽然官职不大，但社会活动能力与当年的顾宪成、李三才有一拼。汪文言与正统的读书人最大的区别就是灵活机变，善于处理各种纷乱的关系。他看出齐楚浙党并非铁板一块，就仿效战国时期的纵横家，在三党之间奔走，设疑布谣，使得三党成员彼此猜忌，矛盾越来越多，等于间接瓦解了三党联盟。魏忠贤发现汪文言在东林中的重要作用，一直在寻找除掉他的机会。因为其他的东林党人虽然性格偏激、脾气耿直，但是在私生活上都非常检点，不贪不腐，很难抓住把柄，只有汪文言与众不同，他做的事情多，犯错误的几率也大，属于相对容易瓦解的人。

同为东林党人的阮大铖给了魏忠贤一个除掉汪文言的机会。

不得不说一句，最初的东林党人虽然言辞激烈，不太讨人喜欢，但是对加入党的人选把关还是很严格的。随着其势力扩大，招收成员的门槛也在无意中放低了。阮大铖就是这个时候混进来的。他本来是东林骨干高攀龙的弟子，和左光斗是同乡好友。

天启四年春天，左光斗托人带信给他，说吏部有一个给事中的空缺，让他来北京“填空”。谁知道当阮大铖千里迢迢来到京城的时候，赵南星已经把吏部的重要岗位给了魏大中，同时安排了一个工部的职务给他。谁不知道六部之中，吏部排名最高、工部排名最低？阮大铖感到自己被捉弄了，愤而投向魏忠贤集团。他向魏忠贤提供了不少猛料，这才有了傅櫆上书弹劾左光斗、魏大中与汪文言暗中勾结的奏折。

魏忠贤正愁怎么除掉汪文言呢，阮大铖的告密显得非常及时。魏忠贤给了他一个太常少卿的职务，并暗示他以后有的是升职的机会。倒是阮大铖自己颇有心计，知道自己这次算是彻底得罪东林党了，以后的日子估计不会好过，就寻了个机会回老家继续观望了。

抓到汪文言的把柄之后，魏忠贤马上令人起草了一份诏书，经朱由校同意之后将汪文言关进诏狱。汪文言一出事，东林党人分布在朝廷的各级官员马上行动起来，分头展开了营救行动。先是魏大中、左光斗上疏力驳给事中傅櫆是诬陷，他们和汪文言没有暗中勾结；叶向高又把汪文言的罪名揽到自己身上，说自己是内阁首辅，汪文言不过是内阁的一个办事员，他如果有错，那也是自己没有管教好的缘故；御史黄尊素也积极上疏为汪文言辩护。魏忠贤无奈，暂时饶过汪文言，只将他贬职。

入过诏狱的汪文言出狱后名声大振，很多清高的东林人士主动登门拜访他。

同年六月，东林党人开始反击。杨涟冲锋在前，他一上来就直接弹劾魏忠贤，说他有二十四条大罪，罪不容诛。杨涟给魏忠贤定的罪名还算靠谱，诸如迫害太监、迫害嫔妃、蓄养内兵、罗织狱案，等等，都有确凿的证据。他的上疏引发了一轮弹劾魏忠贤的高潮，数百封奏折紧跟着送到了内阁和司礼监。

魏忠贤心中略有不安。如果是造谣诽谤他自然不会在意，偏偏杨涟罗列出的罪状绝大部分都是事实。他希望外廷能有人帮自己分担一些火力，想来想去没有人合适，只好找“奉圣夫人”商量该如何是好。客氏提议还得看皇帝的意思。

当时天启帝正沉迷于做木工的“角色扮演游戏”当中，对魏忠贤沾上的一身脏水毫不介意。他不在乎魏忠贤到底在外廷得罪了多少人，只要这个人还在自己的掌控中就行。

魏忠贤也深知这一点，他就故意趁皇帝做木工的时候出现，抱着一堆奏折说是等皇上批复。每次这个时候，天启帝都会很不耐烦地挥手，让魏忠贤自己酌情处理。“你看着办，莫欺我”是木匠皇帝的口头禅。魏忠贤等的就是这句话，每次皇上说完，他就恭恭敬敬地抱着奏折退下，自己去“酌情处理”了。

如果说东林党与魏忠贤集团的斗争像两个运动员在竞技，皇帝就是裁判员的话，现在魏忠贤把皇上哄得高兴，自己也成了裁判，那么这场比赛的胜负已定，东林党注定要败在魏公公手下。

东林党人向来以“清流”自居，对自己的名声最为看重。魏忠贤就从这里下手，命人编写了一本《东林点将录》，在舆论上抹黑他们。他把东林诸人放到了《水浒传》的环境中，硬是凑够了一百零八人，还给一个个满腹诗书的文人才子们安上了梁山好汉的外号。例如汪文言因为善于传递消息，四处活动，就有了“鼓上蚤”的外号；叶向高因为官职最高，成了宋江一样的“及时雨”；杨涟总是冲锋在前，是“大刀”；有本事惩治恶太监的李三余本事太大，是超脱于其他人的“托塔天王”；另外还有“黑旋风吏科都给事中魏大中”“活阎罗江西道御史方震孺”“母药叉礼部右侍郎张鼐”“赤发鬼左通政使刘宗周”“催命判官左通政涂一臻”等绰号，让人一听就毛骨悚然……尽管这些外号都很牵强附会，但魏忠贤不在乎，要的就是搞臭这些文人，让人一看到这些绰号，就以为这些人与杀人放火的梁山贼寇是同路人。

3. 大明不亡，派斗不止

天启五年（1625年）魏忠贤的势力已经超过东林党，他开始了更为猛烈的进攻。

这一年六月，大理寺丞徐大化在魏忠贤的指示下再次弹劾杨涟、左光斗等人“党同伐异，招权纳贿”，再次逮捕了汪文言，企图从他口中“咬出”杨涟等人更多罪状。

锦衣卫北镇抚司指挥使刘侨与东林党人走得很近，黄尊素还特意找到他，请他多多关照狱中的自己人。魏忠贤得知杨涟等人在狱中不但没有受刑，还过得很滋润，就撤掉刘侨，换上自己的心腹干将许显纯。

许显纯立功心切，一上来就对汪文言严刑逼供，要他诬陷杨涟等人受贿。许显纯认为，汪文言和杨涟、左光斗这样认死理的“书呆子”不一样。“书呆子”容易犯一根筋的毛病，宁死不屈被他们视为美谈。汪文言在入狱之前社会关系复杂，跟三教九流的人都有接触，看起来是个很灵活的人，而灵活的人一般不会有多么坚定的信仰。魏忠贤就凭这一点断定可以从审讯汪文言入手，迫使他咬出杨涟、左光斗等人。

魏忠贤的算盘打错了，汪文言竟然在监狱中升华了自己的人格，即便严刑拷打都不胡乱开口咬人。

得不到汪文言的指控，许显纯只好自己捏造供状，诬陷杨涟、左光斗曾受辽东经略熊廷弼贿赂。杨涟“拒不认罪”，酷刑不能使其屈服，临死之前仍痛斥魏忠贤的罪状。

两个月后，辽东经略熊廷弼被弃市，传首九边。熊廷弼虽然不是东林党人，但他和东林党中的很多人关系密切。当然魏忠贤处死熊廷弼的罪名很光明正大，经得起推敲。因为熊廷弼在天启二年的时候因为和王化贞有意气之争，竟然没有组织抵抗就丢掉了辽东，给了女真人首领努尔哈赤一片广袤的土地。日后这支部队冲进山海关，葬送了大明的江山，熊廷弼有罪。

熊廷弼被收押之后，一直没有被判刑，他的家人就四处打点，希望能将其从监狱中救出来。天启五年，四处活动找人通融的熊廷弼的家人辗转打听到内阁中书汪文言是个手眼通天的人。汪文言接了这个活儿，也是辗转托人，竟然托到魏忠贤的头上。当时魏忠贤对熊廷弼的死活并不关心，不过看在介绍人承诺的四万两白银的份儿上决定网开一面。悲剧的是当汪文言转告熊家凑银子的时候，他们家竟然凑不够四万两。

魏忠贤没有拿到预期的银子，对这件案子就不再关注。当他发现汪文言在此事中起了中间人的作用时，想借此机会将东林势力清扫。之后，魏大中、左光斗、顾大章等东林党人先后在狱中死去，魏忠贤的恶名传遍天下。因为魏大中与苏州吴县的吏部主事周顺昌是亲家关系，他被捕入狱之前曾经住在周顺昌家中。魏忠贤派出锦衣卫缇骑前去吴县逮捕魏大中，在苏州引发骚乱。苏州市民在东林党人的鼓动下发生民变，五个市民领袖被缇骑杀死，有了苏州虎丘附近的“五人之墓”。

魏忠贤在士林中的风评越低，他在朝中的地位就越高。天启五年（1625年）以后入阁的大臣大多为魏忠贤的党徒。独揽大权、自称“九千岁”、建生祠、毁书院、厂卫机构肆意抓捕、滥用私刑等举动一起进行，竟然把东林党冲击得七零八落。想当年，东林与三党“斗法”的时候，还知道利用京察、大计的机会，从对方的弱点入手打倒对方；魏忠贤不讲究这些，他不管有没有真凭实据，看谁碍眼就让爪牙们抓捕谁。东林党的读书人们遇上魏忠贤率领的“阉党”，可算是“秀才遇到兵”了。

天启七年（1627年），朱由校在客氏和魏忠贤的陪同下到宫中西苑乘船游玩，不慎落水，落下病根。兵部尚书霍维华进献“仙药”，天启帝忘记了父亲的死因，日日服用，竟至身亡，终年二十三岁。临终之前，他立自己的五弟朱由检为帝，即后来的明思宗，年号崇祯。

天启帝嘱托弟弟要善待他的皇后张氏。崇祯知道新帝即位，快速树立自己威望的方法有两种，一是“柔和版”的施恩，一是“暴力型”的“锄奸”。如果自己能成功收拾恶名昭著的魏忠贤，无疑是一种立威的好办法。

崇祯心思缜密，他深知魏忠贤的势力根深蒂固，只有稳固了自己的地位，才能除之。他一面优待魏忠贤和客氏，一面将原来自己信王府中的宦官和宫女带到宫中，以保证自己的安全。

魏忠贤与崇祯不熟，不知道如何讨得新帝的欢心。他先送上一批美女来探路。知道崇祯不好美色，他又派一个小太监坐在宫中的复壁内，手中持“迷魂香”，同样被崇祯识破。两条计策连续失败后，本就没有多少谋略的魏忠贤干脆放弃试探，让他的爪牙们不停地上疏，为自己歌功颂德。崇祯读了这些奏章之后，只是一笑置之。魏忠贤不甘心，又主动请求停建全国各地为自己建造的生祠堂，这一点崇祯倒是点头应允了。生祠停建，让政治嗅觉敏感的人嗅到了一丝不同寻常。

与此同时，魏忠贤的得力干将王修乾、崔呈秀等人也得到了崇祯的嘉奖，放松了警惕。御史杨维垣也是魏忠贤的人，他妒忌崔呈秀被嘉奖，就上疏弹劾崔呈秀恃权纳贿。崇祯顺势罢免了崔呈秀兵部尚书的职务，倒魏的大幕就此拉开。

许多官员闻风而动，攻击的矛头直指魏忠贤。“并帝、蔑后、弄兵、无君、克剥、无圣、滥爵、滥冒武功、建生祠、通关节”等十大罪状触目惊心，魏忠贤玩起了“以退为进”的把戏，称病、辞职、辞去爵位，甚至连诰券和田宅都拿了出来，希望能博得崇祯的同情。谁知道崇祯竟然将计就计，将魏忠贤派到凤阳守祖陵。

魏忠贤不知道低调做人的好处，都被贬去守灵了竟然带着一千名卫兵和四十余辆大车。崇祯大怒，将魏忠贤缉拿回京。魏忠贤和客氏都受不了从天上跌倒地上的落差，双双自杀。

崇祯在大刀阔斧处置魏忠贤及其身边依附的同党时，东林党人也没有袖手旁观，他们积极充当了崇祯皇帝的帮手，一起清算“阉党”集团的罪恶。越来越多的人被揭发与魏忠贤有关系，就连曾经为了自保而讨好过阉党分子的人也被牵连。阉党被清洗了一年多，被杀、被贬、被削籍的官员达到了二百五十多人，崇祯仍然意犹未尽。

有能力清算阉党，不能证明崇祯也有能力中兴千疮百孔的明王朝。他用心了，也尽力了，依然没能改变明朝覆灭的结果。令人称奇的是，党争的生命力竟然比一个王朝还要顽强得多。

明王朝覆灭了，但党争的死灰却在南明小朝廷内部复燃起来。

阮大铖拥立了与崇祯皇帝血缘最近的福王朱由崧；东林党人

则全力扶持皇家血统不太纯正的“潞王”继位。双方又开始了你死我活的争斗，丝毫不管身处的小朝廷风雨飘摇到了何种程度。最后朱由崧即位，阮大铖和马士英把持着南明政权。

当时东林一派的武将左良玉在平定李自成的叛乱中掌握了兵权，他也想把持南明王朝的政权，就发兵南下，说要“清君侧”“除马阮”。马士英却提出：“宁可君臣皆死于大清，不可死于左良玉之手。”

在清兵虎视眈眈，随时可能南下的时候，南明王朝内部还在为党争闹得不可开交，覆灭自然成为必然。

本章主要登场人物：

1. 孙慎行，明末政治人物。东林党人。魏忠贤纂修《三朝要典》，将孙慎行定为“红丸案”的罪魁祸首。崇祯帝继位才得赦免。

2. 邹元标，明代东林党首领之一，与赵南星、顾宪成合称“三君”。

3. 孙承宗，明末军事战略家，曾为明熹宗朱由校的老师，东林党人。

4. 刘一燝，明末大臣，接替方从哲，担任内阁首辅，东林党领袖之一。

5. 魏忠贤，明末权宦，专擅朝政，与东林党人斗争不休。

6. 客氏，天启帝乳母，被封为“奉圣夫人”，与魏忠贤勾结，祸乱朝纲。

7. 顾秉谦，明末内阁首辅，因依附魏忠贤而遭到鄙视。

8. 魏广微，明末入阁，依附魏忠贤，迫害东林党。

9. 汪文言，布衣出身，东林党重要领袖，被锦衣卫拷打致死。

10. 阮大铖，明末政治人物，先依附东林党，后依附魏忠贤。

11. 黄尊素，东林党人，著名学者黄宗羲之父。

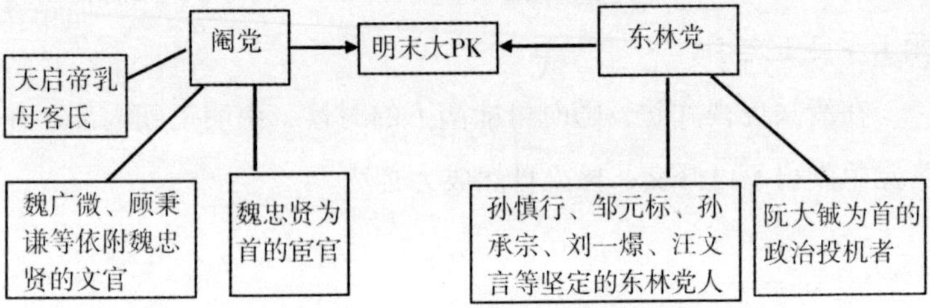

明末东林党与阉党之争关系图

附 录

明代皇帝世系图

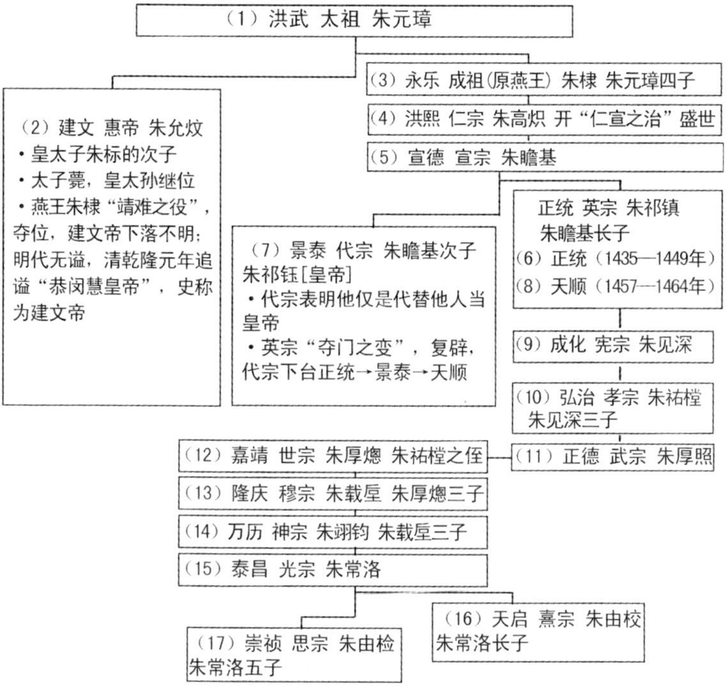

（1）洪武 太祖 朱元璋
（2）建文 惠帝 朱允炆
·皇太子朱标的次子
·太子薨，皇太孙继位
·燕王朱棣“靖难之役”，夺位，建文帝下落不明；明代无谥，清乾隆元年追谥“恭闵慧皇帝”，史称为建文帝
（3）永乐 成祖（原燕王）朱棣 朱元璋四子
（4）洪熙 仁宗 朱高炽 开“仁宣之治”盛世
（5）宣德 宣宗 朱瞻基
（7）景泰 代宗 朱瞻基次子 朱祁钰[皇帝]
·代宗表明他仅是代替他人当皇帝
·英宗“夺门之变”，复辟，代宗下台正统→景泰→天顺
正统 英宗 朱祁镇 朱瞻基长子
（6）正统（1435—1449年）
（8）天顺（1457—1464年）
（9）成化 宪宗 朱见深
（10）弘治 孝宗 朱祐樘 朱见深三子
（11）正德 武宗 朱厚照
（12）嘉靖 世宗 朱厚熜 朱祐樘之侄
（13）隆庆 穆宗 朱载垕 朱厚熜三子
（14）万历 神宗 朱翊钧 朱载垕三子
（15）泰昌 光宗 朱常洛
（16）天启 熹宗 朱由校 朱常洛长子
（17）崇祯 思宗 朱由检 朱常洛五子

明代历任内阁首辅

任期	姓名	上任	离任	公历任期
1	黄淮	建文四年八月	十一月降	1402 年
2	解缙	建文四年十一月	永乐五年二月罢	1402—1407 年
3	胡广	永乐五年二月	十六年五月卒	1407—1418 年
4	杨荣	永乐十六年五月	二十二年八月降	1418—1424 年
5	杨士奇	永乐二十二年八月	正统九年三月卒	1424—1444 年
6	杨溥	正统九年三月	十一年七月卒	1444—1446 年
7	曹鼐	正统十一年七月	十四年八月卒	1446—1449 年
8	陈循	正统十四年八月	天顺元年正月罢	1449—1457 年
9	高穀	天顺元年正月	二月致仕①	1457 年
10	徐有贞	天顺元年二月	六月罢	1457 年
11	许彬	天顺元年六月	七月罢	1457 年
12	李贤	天顺元年七月	成化二年三月丁忧②	1457—1466 年
13	陈文	成化二年三月	五月降	1466 年
14	李贤	成化二年五月	十二月卒	1466 年
15	陈文	成化二年十二月	四年四月卒	1466—1468 年
16	彭时	成化四年四月	十一年三月卒	1468—1475 年
17	商辂	成化十一年三月	十三年六月致仕	1475—1477 年
18	万安	成化十三年六月	二十三年十月罢	1477—1487 年

① 致仕，古代官员正常退休称为致仕。

② 丁忧，指朝廷官员的父母去逝后，无论此人任何官职，从得知丧事的那一天起，必须回到祖籍守制二十七个月。

续表

任期	姓名	上任	离任	公历任期
19	刘吉	成化二十三年十月	弘治五年八月致仕	1487—1492 年
20	徐溥	弘治五年八月	十一年七月致仕	1492—1498 年
21	刘健	弘治十一年七月	德元年十月致仕	1498—1506 年
22	李东阳	正德元年十月	七年十二月致仕	1506—1512 年
23	杨廷和	正德七年十二月	十年三月丁忧	1512—1515 年
24	梁储	正德十年三月	十二年十一月降	1515—1517 年
25	杨廷和	正德十二年十一月	嘉靖三年二月致仕	1517—1524 年
26	蒋冕	嘉靖三年二月	五月致仕	1524 年
27	毛纪	嘉靖三年五月	七月致仕	1524 年
28	费宏	嘉靖三年七月	五年五月降	1524—1526 年
29	杨一清	嘉靖五年五月	七月降	1526 年
30	费宏	嘉靖五年七月	六年二月致仕	1526—1527 年
31	杨一清	嘉靖六年二月	八年九月致仕	1527—1529 年
32	张璁	嘉靖八年九月	十年二月易名孚敬，七月致仕	1529—1531 年
33	翟銮	嘉靖十年七月	十月降	1531 年
34	张孚敬	嘉靖十年十月	十一年八月致仕	1531—1532 年
35	方献夫	嘉靖十一年八月	十二年四月降	1532—1533 年
36	张孚敬	嘉靖十二年四月	十四年四月致仕	1533—1535 年
37	李时	嘉靖十四年四月	十七年十二月卒	1535—1538 年
38	夏言	嘉靖十七年十二月	十八年五月致仕	1538—1539 年
39	顾鼎臣	嘉靖十八年五月	同月降	1539 年
40	夏言	嘉靖十八年五月	嘉靖二十年八月致仕	1539—1541 年
41	翟銮	嘉靖二十年八月	十月降	1541 年
42	夏言	嘉靖二十年十月	二十一年七月罢	1541—1542 年
43	翟銮	嘉靖二十一年七月	二十三年八月罢	1542—1544 年
44	严嵩	嘉靖二十三年八月	二十四年十二月降	1544—1545 年
45	夏言	嘉靖二十四年十二月	二十七年正月致仕	1545—1548 年
46	严嵩	嘉靖二十七年正月	四十一年五月罢	1548—1562 年

续表

任期	姓名	上任	离任	公历任期
47	徐阶	嘉靖四十一年五月	隆庆二年七月致仕	1562—1568 年
48	李春芳	隆庆二年七月	五年五月致仕	1568—1571 年
49	高拱	隆庆五年五月	六年六月罢	1571—1572 年
50	张居正	隆庆六年六月	万历十年六月卒	1572—1582 年
51	张四维	万历十年六月	十一年四月丁忧	1582—1583 年
52	申时行	万历十一年四月	十九年九月致仕	1583—1591 年
53	王家屏	历十九年九月	二十年三月致仕	1591—1592 年
54	赵志皋	万历二十年三月	二十一年正月降	1592—1593 年
55	王锡爵	万历二十一年正月	二十二年五月致仕	1593—1594 年
56	赵志皋	万历二十二年五月	二十九年九月卒	1594—1601 年
57	沈一贯	万历二十九年九月	三十四年七月致仕	1601—1606 年
58	朱赓	万历三十四年七月	三十六年十一月卒	1606—1608 年
59	李廷机	万历三十六年十一月	四十年九月致仕	1608—1612 年
57	叶向高	万历四十年九月	四十二年八月致仕	1612—1614 年
60	方从哲	万历四十二年八月	泰昌元年十二月致仕	1614—1620 年
61	刘一燝	泰昌元年十二月	天启元年十月降	1620—1621 年
62	叶向高	天启元年十月	四年七月致仕	1621—1624 年
63	韩爌	天启四年七月	十一月致仕	1624 年
64	朱国祯	天启四年十一月	十二月致仕	1624 年
65	顾秉谦	天启四年十二月	六年九月致仕	1624—1626 年
66	黄立极	天启六年九月	七年十一月致仕	1626—1627 年
67	施凤来	天启七年十一月	崇祯元年三月致仕	1627—1628 年
68	李国	崇祯元年三月	五月致仕	1628 年
69	来宗道	崇祯元年五月	六月致仕	1628 年
70	周道登	崇祯元年六月	十二月降	1628 年
71	韩爌	崇祯元年十二月	三年正月致仕	1628—1630 年
72	李标	崇祯三年正月	三月致仕	1630 年
73	成基命	崇祯三年三月	九月致仕	1630 年
74	周延儒	崇祯三年九月	六年六月罢	1630—1633 年

续表

任期	姓名	上任	离任	公历任期
75	温体仁	崇祯六年六月	十年六月致仕	1633—1637 年
76	张至发	崇祯十年六月	十一年四月罢	1637—1638 年
77	孔贞运	崇祯十一年四月	六月罢	1638 年
78	刘宇亮	崇祯十一年六月	十二年二月罢	1638—1639 年
79	薛国观	崇祯十二年二月	十三年六月致仕	1639—1640 年
80	范复粹	崇祯十三年六月	十四年五月罢	1640—1641 年
81	张四知	崇祯十四年五月	九月降	1641 年
82	周延儒	崇祯十四年九月	十六年五月罢	1641—1643 年
83	陈演	崇祯十六年五月	十七年二月罢	1643—1644 年
84	蒋德璟	崇祯十七年二月	三月罢	1644 年
85	魏藻德	崇祯十七年三月	本月卒	1644 年
86	李建泰	崇祯十七年三月	五月罢	1644 年
87	史可法	崇祯十七年五月	八月出	1644 年
88	高弘图	崇祯十七年八月	十月罢	1644 年
89	马士英	崇祯十七年十月	弘光元年闰六月罢	1644—1645 年
90	黄道周	弘光元年闰六月	隆武元年七月出	1645 年
91	路振飞	隆武元年七月	二年十月降	1645—1646 年
92	丁魁楚	隆武二年十月	永历元年正月畔	1646—1647 年
93	瞿式耜	永历元年正月	二月降	1647 年
94	吴炳	永历元年二月	八月卒	1647 年
95	瞿式耜	永历元年八月	九月降	1647 年
96	严起恒	永历元年九月	三年正月降	1647—1649 年
97	黄士俊	永历三年正月	四年正月罢	1649—1650 年
98	严起恒	永历四年正月	四月罢	1650 年
99	文安之	永历四年四月	五年二月出	1650—1651 年
100	吴贞毓	永历五年二月	八年三月卒	1651—1654 年
101	丁继善	永历八年四月	十四年罢	1654—1660 年
102	马吉翔	永历十四年	十五年七月卒	1660—1661 年
103	张煌言	永历十五年七月	永历十八年九月卒	1661—1664 年